亲宝宝 著

别把撒手不管，当成静待花开

中国出版集团 现代出版社

图书在版编目（CIP）数据

别把撒手不管，当成静待花开/亲宝宝著. —北京：现代出版社，2017.6

ISBN 978-7-5143-6244-2

Ⅰ. ①别… Ⅱ. ①亲… Ⅲ. ①家庭教育 Ⅳ. ①G78

中国版本图书馆CIP数据核字（2017）第119913号

著　　者　亲宝宝
责任编辑　杨学庆
出版发行　现代出版社
通讯地址　北京市安定门外安华里504号
邮政编码　100011
电　　话　010-64267325　64245264（传真）
网　　址　www.1980xd.com
电子邮箱　xiandai@cnpitc.com.cn
印　　刷　三河市金泰源印务有限公司
开　　本　880mm×1230mm　1/32
印　　张　9
版次印次　2017年7月第1版　2018年1月第3次印刷
标准书号　ISBN 978-7-5143-6244-2
定　　价　39.80元

目录

CONTENTS

第一章

爱·孕育：你的花，让你自己开

聪明的妈妈，
不吼不叫，不急不躁

去年的时候，我们楼下来了一个新租户，印象中，四楼的房子自从开始外租，已经换了无数租户了，没有一个靠谱的。不是社会青年，就是来这边打工的，总之弄得整个楼里都不安生。

我日盼夜盼，都希望四楼大姐能将房子租给一个靠谱的人！毕竟家里有孩子，晚上老公还要加班写文案。真的要被那些不靠谱的租客弄到精神分裂了。

这不，昨天四楼的户主大姐又领了新的租客来，一男一女，看上去挺斯文。女人手里牵着一大一小两个娃，这看上去应该是一家子。

女人看上去和我年龄相当，却已经是两个孩子的妈妈。大的应该和我们家女儿差不多大，小的也就两岁多，应该还没上幼儿园。

我路过，他们正看完房子。

四楼户主大姐看见我，热情地叫住了我，一边给我介绍他们家的新租户，一边跟我表示这半年来各种租户给我们带来的困扰的歉意。

户主大姐说：“小娜，这小四口是新租户。你放心，他们家都是有素质的年轻人。”

我笑着，仔细打量了一下站在我眼前的女人，干净、利落，手里拎着的妈妈包，和我的是同款，而且孩子的各种用品都罗列得很整齐。

突然就有种，这位租户一定很有素质的感觉。

我对她笑了笑，她礼貌地冲我点点头，伸出手表示友好：“以后就是邻居了，大家互相关照。”

我和她握了个手，便上楼去了。

说实话，虽然对他们印象不错，可我总觉得有两个孩子的家庭，应该也不会安静到哪里去。心里倒也安慰，庆幸总算是来了一家子比较有素质的人。

让我惊讶的却是，这小四口搬进来之后，居然很安静，甚至没有孩子蹦蹦跳跳的响动。

记得之前有一家夫妻带着孩子住，他们家孩子一哭二闹的，经常弄出各种声音来。而这一家子的素质，的确让我非常佩服。

有天，我带着女儿下楼去玩儿，路过四楼的时候，看见他们家的门敞开，朝里面望了一眼，恰巧和邻居的眼神碰撞在一起，邻居看见我热情地打了招呼，要我们进去坐坐，说说话。

那是我第一次进邻居的家，还没进门，就闻到一股淡淡的百合香，让人心旷神怡。

虽然是租来的房子，但是这个两室一厅真的让她收拾得非常干净、有条理。

两个孩子的表现，更是让我由衷佩服，大的安安静静地坐在一边看童话书，小的就坐在小板凳上堆积木。异常安静的气氛，还夹杂着各种温暖的和谐。

老二的积木摆不好了，会喊姐姐来帮忙，这时候，姐姐会赶紧跑过来，帮弟弟来摆。不急不躁，像个小大人一样沉稳，哄好了弟弟又过去继续看书。

这家的女主人举止优雅，一点儿也不着急浮躁，尤其是对待两个孩子非常有耐心。

老二才两岁多，自然对妈妈有各种刁难，可是孩子不论对妈妈有什么样的要求，她都尽量满足孩子。

孩子的要求有点过分了，她就用缓慢的语气给孩子讲解，你不可以这样，你吃这样的东西不好……

孩子虽然有些小情绪，妈妈的温柔却足以将孩子的暴怒化解，嘟嘟小嘴，小别扭也就消散了。

我们随便聊了几句，女儿和他们家的大宝一起去看故事书了，让我惊讶的是，女儿以前是从来没有这种耐心坐下来安安静静看一本书的，也许是这个环境，的确能让她安静下来，她居然也乖乖地坐在邻居家的大宝身边，拿起一本书认认真真地看了起来。两个小家伙，偶尔还要交流一下书中的故事情节。

和这家女主人聊天，才知道她以前是做品牌设计的，因为生下了老二，不得不辞职在家全职带娃。

租这个房子，也完全是为了照顾老公上下班离得比较近。为了让老公不每天奔忙在上下班的路上，也为了一家四口有够多的亲子时间。

这一点真是让人由衷佩服。

后来我在心中自问，若是我的话，带着两个孩子，能做到这么条理有序，不急不躁吗？这个答案，还真是让自己汗颜。

想必，我未必能做到如这位邻居一般。

邻居说，也许是和自己的职业有关系，以前做设计的时候，就喜欢将身边的环境弄得干净利落又浪漫，然后静静地去画图纸，做设计。在这样独立、舒服的环境中待久了，自己的心也就浮躁不起来了。

生了老二之后，自己也曾经抱怨过，只是发现自己越暴怒，孩子也会模仿自己去做一些暴怒的事情。

反之，自己安静下来，把家打理得干净有序，给孩子合理规划出一个玩耍区，无论孩子如何“刁难”自己，自己也学会心平气和地讲道理。

孩子在这样的环境下待久了，脾气自然也养成了一种不急不躁的样子。

瑞典教育家爱伦·凯指出：环境对一个人的成长起着非常重要的作用，良好的环境是孩子形成正确思想和优秀人格的基础。

环境教育包括了三个方面：家庭环境、学校环境、社会环境。

孩子的童年时光里，除了学校之外，待的最多的就是家庭，所以作为母亲，给孩子营造的氛围和环境是十分重要的。

就拿我女儿来说，来到这位邻居家，感受到了这个家庭的环境和气氛，自然而然地就安静了下来，好像她闹一些，自己都会觉得别扭或不好意思。

这也是为什么我从没听到四楼很吵、没有孩子的哭闹声的原因吧。

因为邻居妈妈从环境上给了孩子一个“思想制约”，整个家庭轻松、温暖的氛围，让孩子也感觉到了轻松，妈妈不急不躁，爸爸也有时间来陪伴自己。在轻松氛围下成长的孩子，是不会有太多哭闹，或者更过激的行为的。

那天在邻居家小坐，却让我受益匪浅。

才知道聪明的妈妈，首先要学会给孩子制造轻松温暖的环境，这一点是非常重要的。

所以各位爱急躁，孩子稍不听话就各种暴怒的妈妈们，是不是应该自我反省一下了呢？

二胎妈妈：
一碗水端平？那不科学！

生二胎之前，看过一些文章，说两个孩子的家长，一定要一碗水端平，不管平凡还是优秀，调皮还是懂事，都要给孩子平等的爱。而且，孩子间出现了矛盾，要遵循“护大不护小”的原则，毕竟老二还小，老大却已经懂事了，所以不能让老大心里有芥蒂。

当时觉得，那还用说！手心手背都是肉，肯定是要公平的，而且，不能让之前集万千宠爱于一身的大宝，感觉受了冷落，产生不安全感。

而自以为做足了功课、信心满满的我，却在二宝真正到来之后，乱了阵脚。

小月龄儿睡眠需要安静，大宝却正值活跃期，只要在家，就里里外外跑个不停，告诉她“小点声”，这边点头那边忘，一次一次进来找妈妈，推门关门叮当响。终于有一次，我忍不住爆发，把她呵斥一通。

几个月的妹妹和姐姐争抢东西，我谨记“护大不护小”的原则，制止妹妹的“挑衅”，结果，一来二去，听不懂话的小屁孩被激怒，号啕大哭，东西得手后依然啼哭不住，多花了两倍的时间才哄好。

姐姐本来是和奶奶睡的，看到妹妹在怀里吃奶，非要过来和妈妈一起睡，而我仍在恢复期，精力有限不能兼顾，看到她失意离去的小背影，忍不住湿了眼眶……

而那些被“明令禁止”对孩子们说的话，我也常常挂在嘴边：

“宝宝快坐下，看姐姐吃饭多听话，从来不动来动去！”

“看妹妹洗澡多勇敢，你都这么大了，怎么还不如妹妹！”

……

烦躁崩溃的时候，更深刻理解了所谓“养比生难”这四个字：生，仅仅是一时疼痛，而养，则是一世责任，尤其是我这种，两个孩子的妈，还要时刻紧张姐妹俩的心理建设，于是更加疲惫。

冷静下来慢慢思考，觉得自己应该改变方式，适当减压：

虽然是一母同胞，但是两个孩子的年龄、心智、性格并不完全相同，人为刻意给她们同样的东西、同等的对待，其实属于“一刀切”的教育简单化。

对于孩子来说，并不一定需要时时刻刻的“公平”，而是需要根据她们的成长阶段、发育情况、真实需求，给予其独一无二的爱。

而且，如果一味追求所谓的“公平”，有时反倒会加重妈妈的焦虑：觉得亏欠每一个孩子，觉得自己什么都做不好……对孩子的成长更加不利。

想通之后，与孩子们的相处变得简单而自然多了：

有空就会单独搂过姐姐来，启发她回忆小婴儿的时光，或是通过做游戏的方式，让她扮作小奶娃，重温那些与妈妈日夜依偎的日子，让她相信并明白，现在妈妈对妹妹所做的，不过是她当年都曾经历过的，是每一个初生的孩子都会享受到的待遇，打消“妈妈是不是更爱妹妹”的顾虑。

妹妹小的时候，出去吃饭游玩，经常只带姐姐，一方面，行动更方便，玩得更尽兴，另一方面，能给姐姐提供更加高质量的陪伴，让她感觉到，虽然偶尔需要让着妹妹，但那只是暂时的，而且，自己享受到的一些“福利”，也是妹妹所没有的，妈妈其实并没有偏心哪个孩子。

偶尔有姐姐穿过但还不算过时的衣服，妹妹可以接着穿，并不觉得亏欠。洗过的衣服更加安全环保，而非不舍得或偏心。只要姐俩想要，妈妈会在能力所及范围之内，满足她们的任何合理愿望。

不进行任何比较，每个孩子都有自己的发展轨迹、运行轨道，父母要从内心做到宽容接纳，况且，孩子之间哪有绝对的优点或缺点，换个角度看问题，结论可能就完全不同了。

渐渐的，我发现，小小孩是自带吸引力的，不仅对大人，对姐姐亦是如此。

妹妹一岁多开始，就变成了姐姐的小尾巴、小跟班，姐姐干啥她干啥，姐姐去哪她去哪，甚至有时候，大人喂饭喂不进去，而姐姐举起小勺子伸到她嘴边，立马乖乖吃饭了。

那掩饰不住的喜爱与崇拜，给了姐姐极大的虚荣心与满足感，同时，也激发了她的保护欲：

妹妹哭了，她第一时间跑过去安抚，好几次差点把妈妈绊个趔趄。

妹妹拉了，她会做出夸张的捏鼻子的动作，但也会赶紧去拿纸尿裤递给妈妈。

邻居的奶奶逗她说："把你妹妹送给我们吧！"她马上严肃地说："不行！你们自己生一个吧！我们好不容易生出来的！"

从幼儿园带了玩具回来，进门第一件事就是给妹妹展示："快看，姐姐给你带了什么好玩的！"

那清澈的眼神，闪着温柔的光，而妹妹扑向姐姐怀里的那一刻，也让我的心，在顷刻之间融化开来。

两个孩子，注定是做不到处处相同，时刻平等的，她们本就是不同的存在个体，有着不同的脾气禀性，所以，这并不会影响她们之间的爱与深情。

现在，她们还不懂，只知道你是姐姐，你是妹妹。

未来，她们终会懂，姐妹是陪伴你前半生，和你一个娘胎吃过奶，有着共同的爸爸和妈妈的那个人，也是陪伴你后半生，即使父母不在了，依然能延续对你的爱的那个人。

而作为她们的妈妈，我要做的，不是测验比较，评判鉴定，更不是削长补短，平均主义，而是爱其所爱，予其所需，然后，默默守护，静待花开。

你过得很“辛苦”是真的，但这跟孩子没有关系

为了孩子早起，为了孩子熬夜，为了孩子拼命赚钱，为了孩子辛苦不易……你的“辛苦”生活都为了孩子吗？

1

表姐有三个孩子，两个儿子初中毕业都自己打工谋生，小女儿丹今年考上了重点高中。表姐从未操心孩子的学习，没想到女儿给了自己这么大的惊喜，让表姐平淡的生活有了翻滚的波涛。欣喜于孩子的出色，也憧憬着无限精彩的未来，连走路都有了不一样的精神！

欣喜之后，现实的问题摆在眼前，三年高中、四年大学昂贵的费用，家里还有两个儿子要买房、要娶妻。表姐一番纠结之后，大有破釜沉舟的气势，两个儿子已经到处打工

了，指望都在女儿身上了。

丹喜气洋洋地去上学了，表姐一家农忙种地，农闲打工。

每次通电话，表姐都会说相同的话：只要丹好好学习，再苦再累他们也情愿。

东家阿姨西家婶子，他们都不再这么辛苦了。等丹毕业了，自己也什么都不干了，干了一辈子，累也累够了！

打工多么不易，老板不近人情，自己几十岁了，还被他呼来喝去的。

……

半年后，我再问时，丹已经辍学了。我很惊讶，怎么会？

表姐说："孩子去了，在班级总考后几名，考不上什么好大学，还要花那么多钱！毕业了还不一定有工作！"

这样想来，这个问题就无解了，我们为什么读书呢？为了上大学，上大学为了找好工作，找好工作为了多赚钱……可是，大学毕业，没找到赚钱多的工作，那么，辛苦读书还有什么意义？

我见到丹时，她说：自己再读下去就对不起父母了！因为成绩一直不好，自己没有信心。如果真的没能考上好大学，还让父母为自己辛苦了那么久，实在是对不起他们。

其实，丹也不过才读了一学期。很少有人能在短期内出类拔萃，更多的时候成功都是苦难累积起来的。

让丹如此不堪压力的真正原因——她觉得自己是父母额外的负担。

不知道如何解释他们才能明白，当考不上理想大学时读书的意义。其实，孩子可以没有高学历，但却不能不读书，每一次阅读就是一种人生必不可少的精神跋涉。一本书、一百本书可能都不足以说明什么，但是，一辈子读书的好习惯带来的能力和格局的变化，实在是一生受用不尽的财富！

也许，表姐不明白读书的意义，但丹未必就真的不愿意继续上学，只是在父母只为你才辛劳的重压之下，对于成功失去了等待的耐心，对于未来也因为太过于恐惧而放弃了。

丹辍学之后，表姐一家还是农忙种地，农闲打工。以前辛苦，都为了女儿上学；现在辛苦，都为了儿子娶妻。

再后来，两个儿子都结婚了，表姐依然种地打工，依然几十岁了被老板呼来喝去，依然是不得不干的辛苦。

其实，丹上学，负担也没有那么重，父母加上两个哥哥怎么会承担不起丹的上学花销？丹的两个哥哥，买房娶妻，也没有花父母多少钱。真不至于表姐、表姐夫劳碌奔波，不至于让丹辍学回家。

一切，都只是我们以为在为了一个人而奉献，其实，我们远没有那么伟大，所有的辛苦也并非只为了孩子。

2

小易小的时候，每次我上班，他就很不情愿，有时还会哭一鼻子。每到这个时候，我真是词穷啊。

“小易，妈妈要去上班，赚钱给小易买好吃的！”

好像这个理由说得最多，妈妈上班为小易，爸爸工作为小易，连奶奶买菜去都是为小易……

后来，看到朋友和女儿的对话，再不敢这么说了。

朋友女儿不想妈妈去上班，在妈妈说了不知多少次之后，女儿问：“妈妈，你上班累吗？”

妈妈说：“累啊，妈妈也不想上班，可是宝贝女儿要买新衣服、新玩具，所以，妈妈要努力赚钱！”

女儿哭着说：“我再也不要新衣服、新玩具了，妈妈不要上班了！”

朋友当时觉得女儿懂事了，会心疼妈妈了，有些欣慰，以为哄哄孩子就没事了。可是，后来孩子真的不敢要新衣服、新玩具了，感觉是有一种对不起妈妈的负罪感。

这样的场景太过常见了，我们小的时候，好像也是这样被唠叨大的，好像是因为孩子，父母才会变得如此辛苦如此沉重。

仔细想来，我们的奋斗真的不都是为了他人，包括孩子，包括父母。

是的，我们奋斗了，宽裕了，孩子、父母因此有了好的生活条件。但，相比于他们的受益，我们不是也满足于他们因为我们而幸福的快乐吗？

看着孩子健康成长，看着老人安度晚年，是不是对我们的奋斗的最大认可！如果，没有了这份认可，我们的生活会是多苍白和空洞呢？

是的，我们奋斗所得开销在了孩子身上，可是，就算没有这些花费又能怎样呢？

也许，没有这样的压力，也就没有那样的奋斗，自然也就没有了后面的收获了。又或者，衣柜里多几件衣服，存折上多了几个零，相对于生活质量，远没有我们被需要来得幸福。

其实，孩子大了，不必负担了，我们还是会工作、会奔波，因为，奔跑是生活的本来面目，我们都需要由此带来的自信、成就、快乐。所以，所有的奋斗都是为了自己，所有的忧伤都与人无关！

所以，别再说你的“辛苦”生活都是为了孩子，活成什么样，其实全在自己。

孩子，我为什么要上班？

因为，妈妈不只是你的妈妈，我还是我自己。我们虽彼此相依相偎，但我们终将成为自己。我在努力中，找寻更优秀的自己，所以，我的辛苦真的不只为你！

昨晚，因为一些琐事，打破心里的平静。想着儿子早点睡，自由自在地干点儿自己喜欢的事。可是，儿子一会儿光着屁股跑出来了，一会儿来商量“妈妈，你再陪我一会儿吧”，一会儿又开始摆弄自己的玩具……

我本来是想儿子早点儿睡，我自己安静一会儿，也早点休息。可是，晚睡的他把我的计划都打乱了，我越来越烦躁，一大堆理由也不停地在脑海里晃！

“为什么别的孩子倒头就睡，你咋这么麻烦？”

“这么折腾，你能睡着吗？你瞎折腾啥？”

“明天上学，不是应该早睡早起吗？为什么就不能听话点儿？”

“我不早点儿睡，我不累吗？”

……

好多理由，好多烦躁！

其实，儿子睡得也没有比往常晚，听故事玩玩具，这都是早已习惯的，总之，一切都很正常，不正常的是我的情绪。

儿子睡了之后，我其实也没安静地做点儿自己喜欢的事，拿着遥控器对着一大堆不想看的节目消耗了好长时间，躺在床上又浮想联翩了好久。

仔细想来，生活的方式全凭自己，所有的“苦逼”也真的与人无关！

放松一点，
你真的不必成为超人妈妈

1

于婶是个极其勤快的人，家里永远收拾得干干净净，厨房也总是锃光瓦亮。

关于操持家，她有一套一套的主妇经：“咱当妈的，可绝对不能睡懒觉，必须早早起床，在孩子睁眼之前，把家收拾好，把饭做好！”

对老公，也是无比宽容细致入微：“男人哪会做饭啊？家务事，得咱女人来！”

她经常得意地说：“我儿子总说，从来没见过妈妈生病的样子。真的，我就算病了，也很少躺着休息！”

闺密西西，有娃之后也变了个样，从前是十指不沾阳春水，万千宠爱小公主，现在瞬间化身超能妈妈，一夜五六次起来喂奶，白天还要拖着疲惫的身子上班，头发一梳掉一把，黑眼圈常年下不去。

即便是这样，她依然觉得自己做得不够好：

因为体质差吃不下饭，奶水不足，八个月就给娃断了奶。而这，成了她的一块心病："我这妈妈不合格，可怜孩子那么早就吃了奶粉……"

有一次因为太累，睡着没注意，娃从床上滚落下去，头上磕了一个大包，她心疼得直掉眼泪："我这妈当得太差劲了……"

而身边的妈妈们，一谈到孩子，也都如履薄冰：

奶粉辅食一定要原产地空运，服装玩具必须高逼格大品牌，而一两万块钱的早教，重要程度堪比九年义务教育……

每天研究科学育儿，对照检查自身，有则改之无则加勉，一旦发现不足，赶紧画重点限时整改……

早教益智一齐上，花钱是小事，不能让娃输在起跑线，同时，又不能让娃有压力，学习积极性是大事，万一受了挫伤将来不好办……

从小要给娃养成好习惯，坏毛病得从根杜绝，但是，还得采用温柔方式，不能和娃大吼大叫，别给娃造成阴影日后难以消除……

2

而凡事太用力，都应该自省。

儿子结婚后，于婶的生活突然变得不美好起来。操持家做家务，儿媳妇比她，差的不是一点半点儿。

按照婆婆的标准，这样的媳妇简直就是不合格：“连个袜子都要我儿子自己洗，要她干什么？”

而在媳妇的眼中，这样的婆婆也是吹毛求疵自讨苦吃：“难道老婆是女佣，是不花钱的保姆吗？”

一次，儿子出差，于婶过去帮媳妇收拾家，儿子打来座机，听到是老妈接的，诧异说：“妈，你来干啥？”

无心的一句话，让于婶伤心不已：“这小兔崽子，我对他那么掏心掏肺，竟然问我来干啥？！”

而好妈妈西西，现在看到网上类似的帖子，有时仍会感同身受掉眼泪，回想初次带娃的那一年，真是心有余悸不堪回首，简直比苦刑还要苦刑。

所以，当老人建议她要二胎，她把头摇得拨浪鼓一般：“我那时候，离产后抑郁就差那么一点点儿，再也不要重来一次了，我不想没有了我自己……”

倒是那些看起来大大咧咧不着调，没什么大不了的妈妈，似乎幸福指数更高。几年时间一晃而过，看似嘻嘻哈哈，却也没耽误啥事：

实在没奶就吃奶粉，母乳固然好，而奶粉也不影响妈妈

“一拖二”的妈妈生活，并没有你想的那么难

为了响应国家二胎政策，也是为了顺应老人的心意，我家的二宝就这样呱呱坠地了。可是，关于如何带娃，之前，我和老公就商量好了，所以也算是做好了准备，可千算万算却没有算到，老公会被公司派到外地任职，也没有算到，妯娌会这么快怀孕。

之前，因为工作强度大，不适合怀孕的我在怀孕五个多月后，就递交了辞职报告。老公现在是家里的经济支柱，不管怎么样，他的工作肯定要保住，只能公司需要他去哪，他就去哪。妯娌呢，老大一周岁多一点，身体又不好，婆婆只能去她家帮忙。

好吧，我一个人来。

丫头一年级，二宝两个月大。怎么办？

开学的头一天晚上，我和丫头都失眠了。丫头兴奋失眠

了，而我着急失眠了。眼看着时间太晚，我和丫头说睡吧，反正，再想也不会多出一个人来帮我。

早上六点半，我准时起床给丫头做饭。丫头呢，自己穿着我给拿好的衣服，再去洗漱。在我们进行这些的时候，二宝还在睡梦中。因为起得太早，丫头有起床气，我提醒她，如果迟到，老师可能会说你。

等丫头吃好饭，我把二宝抱到婴儿车里，推着他去送姐姐。在回来的路上，我顺道再买一点菜，以备中午和晚上吃。

路过我们小区对面的公园，我会停下来，带二宝玩一会儿，公园的空气好，我的心情也随着好起来。丫头上学的第一天，一切都很完美。

因为有家务要做，我不可能像别人家里，一个人负责抱娃，一个人负责做家务。二宝不哭的时候，我一般不会去抱他。洗衣服，准备中午的饭菜，差不多又到了接丫头的时候了，我又得推着二宝去接丫头。

在学校门口，我看到了很多小饭桌的广告。

小饭桌一般都在学校周围，负责供应孩子的午餐，还有辅导作业。丫头中午11:50放学，下午1:30上课，我们在路上花费就得四十分钟，所以时间是非常紧迫的。

我跟丫头商量，中午不接她，把她放在小饭桌。一开始，丫头不愿意。我告诉她，这是一种特别有趣的集体生活，就像妈妈以前上学，有的人家离学校远，会选择住校一样。

我跟小饭桌的老师商量，让丫头先试吃一个月，如果她愿意，我就按月交钱。

让我很欣慰，丫头很快适应了一个新的小集体，而且，开朗活泼的她，很快就在小饭桌交到了新的朋友。

很多熟识我的人，都说我是一个超人妈妈。一个人拖着两娃，偶尔还写稿子，这简直就难以想象。

一个人带着两娃，生活真的是一地鸡毛，忙到飞。但是，只要你用心去合理安排好，生活会还给你一个意想不到的风景。

如何合理安排，作为一个“过来人”，我想给大家一些建议。

一、让大宝快速“长大”

自从二胎政策放开以后，很多家庭两个孩子年龄都有悬殊的，一般在3—10岁。很多家长都有感触，在没有二宝的时候，大宝享受着全家人的爱，衣来伸手饭来张口，日子幸福得真是不要不要的。

有了二宝以后呢，很多父母总担心给大宝的爱会被分走，自己都没有办法定位好自己父母的位置。

首先，你自己一定要认为，**要二宝是在做爱的加法，而不是减法**。有了这样的信念，你就会去和大宝沟通，你是哥哥或姐姐，让我们一起来爱护二宝的成长，二宝会因为有了哥哥或姐姐的守护，而在以后长大，会以更多的爱回报他们。

如何爱护？那就是独立，自己可以做的事，尽量自己去完成。

在二宝出生之前，我家丫头不会自己穿衣、洗澡，但是，自从二宝出生以后，她开始自己穿衣服、洗澡，我在旁边指导过几次，后来都是自己洗，包括洗头发。她一开始很抵触，总觉得自己洗不好头发，我一边鼓励，一边耐心跟她说，而且，当她第一次洗好头发，又给她拍照发朋友圈，表扬她很棒，她特别高兴。

孩子独立的能力，远远超过我们的想象。

有了二宝，并不影响我们对大宝的爱。而是，因为有了二宝，加速了大宝的成长，这并不是一件坏事。

现在大宝在生活里，除了一个姐姐的身份，更多的时候，扮演的是一个“小妈妈”的身份，娘仨在一起，相亲相爱的日子，虽然很辛苦，却也很幸福。

二、不娇惯二宝

依稀记得丫头小时候那会儿，我和婆婆两个一起带她。面对这粉嘟嘟的小娃，真的是含在嘴巴里怕化了，捧在手里怕掉了。

冬天一来，我和婆婆就把她裹得严严实实的，生怕她冻着，结果呢，捂出了一脸的湿疹。四个月以后，添加辅食，总觉得自己做得不够好，网购了很多进口的东西，结果肠胃吃坏了。而且，从出生开始，她就有抱着睡觉的习惯，因为舍不得她哭，一哭就抱。

丫头十一个月开始扶着东西到处走。可我们怕她摔跤，硬是抱着、牵着，导致她十四个月才会自己走路。

哭是她的利器，她屡试不爽，我们一听就缴械投降。

二宝的情况，不可同日而语。首先，人手上减少了一半，我除了要照顾他，还得兼顾姐姐。所以，他不哭我一般不会抱。

六个多月，他就开始到处在家里爬。我把防护措施做好，所有的安全空间任他爬。十个多月的时候，他扶着东西开始学走路，我就放手让他走，他十一个月开始自己走路。

在家里，我和二宝是各自“忙”各自的，他玩玩具，我做家务。当然，亲子时间也是有的，那就是户外活动，走路的时候，我给他讲各种故事，还和他一起踢球。

关于吃饭，没有特别的讲究，除了控制盐。一周岁半，二宝就开始自己接触勺子，自己挖着吃饭，撒了不少，但是，总有吃到嘴里的时候，他很享受这个过程。

现在二宝快三周岁了，在我们家从不存在姐姐要让着弟弟的情况，只有姐弟要互相疼爱。姐姐所有的东西，如果她不愿意，我绝对不会强迫她给弟弟，尽管二宝哭得撕心裂肺，我也会用转移注意力的方式，去安慰他。

这样一方面没有伤害到姐姐的利益，另一方面也没有宠坏二宝。这一点，父母一定要注意，不能以年龄来把自己的爱分成。

三、合理利用身边的“人脉”

在丫头一年级下学期，我建立了一个“小区宝妈群”，很多家长都是专职在家带娃，一个人接送一个娃，我觉得大家完全可以开启互帮互助的模式。比如，排一个值日表，一三五和二四轮流接。

我这个想法，得到大家的响应，而且，我是真正的受益者，大家考虑我一个人带两个孩子，比较辛苦，大部分时间，他们都会帮我接送孩子。

当然，我也会交代孩子，在什么地方等。为了方便联系，我还给孩子配了电话手表。放学的时候，我会告诉她谁去接她，车牌也会告诉她。安全措施这一点很重要。

正所谓远亲不如近邻，全职带娃的妈妈们，如果你也是“一拖二”的模式，可以试一下“利用”邻里之间的关系。

我和孩子们的衣服，还有生活用品，几乎都是网购解决。至于米、面和油盐酱醋这些，我要了小区里的一个商店的电话，只要没有了，一个电话就免费送。蔬菜呢，我所在的城市，有一个包月免费送的服务。肉、鱼这些荤菜都是选在周末购买。

四、调整好自己的心态

现在很多新妈妈，在生完孩子后，特别容易抑郁。抛开家人的疏忽，还有自身激素水平的下降的原因，所以，我们需要调整好自己的心态。

在带娃这件事上，没有什么比一个人带两个孩子更辛苦的了。有一段时间，两个孩子一起生病，我两三天睡觉的时间，加在一起没有超过十个小时，心情也不好。

我想对爸妈抱怨，抱怨他们不帮我。想对老公发火，一个人带娃真的太累。但是后来，我只是选择在朋友圈发了一顿牢骚。

我朋友圈里很多朋友都知道，我喜欢发朋友圈，孩子的一颦一笑，生活里的小趣事，包括小烦恼。在他们看来，我失落了，自己又给自己打气的模样，看上去特别的可爱。

女人在不开心的时候，一定要有一个发牢骚倾听的对象，哪怕是一个朋友圈，也不要积攒自己的情绪。有很多人，总说这是负能量，可是我却觉得，释放真的要比死守好很多。

我一直保持听音乐和写日记的习惯，听音乐会让我的心情变得平静。日记呢，记载一些生活中的事，看到那些过往，自己会被激励，也会被感动，我有一儿一女，很幸福要知足。

每一次老公回来，我都会自己开车出去兜圈。听自己喜欢的音乐，开车穿流在熙攘的马路上，这对于我来说，是一种释放的方式。全职妈妈很辛苦，希望姐妹们都可以找到自己解压的方式。

很多人，一听说我一个人带着两娃，就竖起了大拇指。我想说，有时候被生活所迫，你也可以的，因为一个人的能力有时是自己都无法预估的。

对于那些正走在带娃路上的姐妹们，送你们一句话："不要夸大你的悲伤，也不要低估你的能力"，即使真的迫不得已开启"一拖二"的生活模式，不要慌张，一切都没有你想的那么难。

别因为当了妈，
就放弃自己的人生

当了妈，“不修边幅”被人奚落

有一次在楼下遇见邻居丁丁妈阴着脸心不在焉地推着丁丁正要回家。

彼此打完招呼，心直口快的丁丁妈就跟我抱怨起来。

原来她推着孩子在公园遛弯儿，偶遇了以前工作时的一个女下属小刘。小刘一见到她就说：“哎呀！这是王姐吗？好久不见呀！你现在不用上班多好，可是怎么变成这样了？以前你带我们的时候多威风啊……”

小刘是在赤裸裸地奚落丁丁妈当了妈就不似以前干练了，怪不得丁丁妈一脸的不高兴！

专门往人伤口上撒盐，在我看来，这个小刘也是个情商为负的人。

不过，看看丁丁妈，整个人确实是松松垮垮的不精神。比我刚认识她时大了两个码不说，头发用一个大号发卡随意地挽在脑后；或许是穿着没型的哺乳内衣吧，胸部就那样沉甸甸地坠着；上身穿着老公的T恤，大大的，一直包到大腿；下身还穿着一条起了球的睡裤。

这样的装扮就出门的，除了新手妈妈，也是没谁了！

丁丁妈垂头丧气地说："看人家小刘年轻漂亮，男朋友宠着爱着，也不用洗衣做饭，也没有'拖油瓶'，可以安心忙事业，真是羡慕死了！"

我只得安慰她道："这人不会说话，别跟她一般见识。哪个当妈的不是曾经的'公主'啊！让她结婚生娃试试，没准儿到时候她还跟你请教经验呢！"

爱任何时候的自己，包括当妈的最初三年

女人啊，初为人母的你有多狼狈，我都懂，因为我也曾一样的狼狈过。这太正常了。

不过我把这戏称为"特定历史时期的特殊产物"。

不得不承认，"二人世界"是最好过的日子。

不想做饭了，叫外卖；衣服脏了，扔进洗衣机；想赖床了，抱着老公睡到自然醒；周末不想出门，宅呗！

可是有了孩子，就真的是不一样了。

不想做饭？先把娃的辅食做好！

宝宝衣服脏了？洗衣机洗不干净，得手搓！

想赖床？萌宝牌“起床号”天刚擦亮就响起来了！

你不想出门溜达？问问娃在家能憋得住不！

如果这时孩子爹不懂得给你搭把手，又没有老人帮忙，有你累的！

总之一句话：你都不是你自己的了，还有什么好抱怨和稀奇的？

但是，看着这个小不点儿长高了长壮了，会坐了会爬了会走了，会叫爸爸妈妈了，会吟诗唱歌了……他的每一个小进步，都是我辛苦付出换来的。想到这些，我都会由衷地自豪和幸福。还有什么比见证一个小生命的成长更能带给我如此的成就感？

尽管我身材发福了，胸和臀都下垂了，也没时间逛街买漂亮衣服了，甚至忙起孩子来脸都顾不上洗，但是我仍然爱我自己，比任何时候都爱。

因为，我当妈了。

在这世上我又多了一个牵挂，我要比以前更爱自己。唯有这样，我才能更好地养育我的孩子。

因为我要让我的孩子懂得一个道理：爱自己，不因自己的外表是美是丑，更不因别人的评价是褒是贬。

只是，我们要时刻谨记：不要闭塞自己，不要让自己一直狼狈下去，而且时机一旦成熟，我要勇敢地跟那个邋里邋遢的自己say goodbye。

已为人母不是“放弃自己”的借口

我的前同事小A，人很有才华。

她年幼丧父，跟着母亲另嫁。童年和少年时期寄人篱下的生活状况可想而知。

参加工作后，她认识了比她大七岁的老公。渴望家庭温暖的她很快就跟他去了他的城市，结了婚，而且年纪轻轻就生了孩子，做起了全职妈妈。引得我们一众同事扼腕叹息——我们都怕她的才华被琐碎的主妇生活所埋没。

出人意料的是，三年多以后，她“复出”了！

那时，微信刚刚推广开来。突然有一天，她加了我为好友，我们聊起这刚过去的三年。

最初，她当然迷茫过。老公的事业越来越红火，她却只能在家挺着大肚子追无聊的肥皂剧。

后来，她偶然间接触到了瑜伽，并被深深吸引，还深入学习了相关知识，认识了不少热爱瑜伽的老师和朋友。她不仅视野开阔了，还找到了自己未来的方向。

现在孩子马上要上幼儿园了，她正打算开一间瑜伽馆。

看来她并没有甘愿被主妇生活所“埋没”。枉我们白白担心她了！

接下来的日子里，我在“朋友圈”时不时地看到她的消息：她的瑜伽馆装修了，开业了，搞活动攒人气了，学员增加了……

现在的她，家庭幸福，人比以前更加成熟有气质了，瑜伽馆发展的也非常好，已经开了两家店。

我真是对她刮目相看——迷茫过后却仍能驾驭自己的明天。

谁说当了妈就只有羡慕别人的份儿了？

小A的绚丽人生才刚刚开始。

我问她：“你自我成长的动力是什么？”

她说：“我并没有因为当了妈就放弃自己的人生。我不在意一时的低迷，而是关注长远的规划。”

她爱自己爱到了极致。

有了孩子，妈妈们真的不能像没生孩子的时候那么“自由”了，因为我们不仅仅要“生”孩子，还要“养”孩子。

于是，几乎每个新手妈妈都有那么一段“邋里邋遢”狼狈时期。

不同的是，有的人就这么闷着头一直“邋遢”下去了。

不过，像小A这样结了婚生了娃，反而人生就像开了挂的妈妈却也大有人在。

她们懂得如何经营家庭，越来越知性美丽，同时又有自己更高的精神追求，不甘于让自己一日日地“狼狈”下去。让人佩服不已！

区别就在于，你是不是真的爱自己。

没有平凡的父亲，只有不凡的父爱

1

看过电影《美丽人生》吗？

法西斯政权下，犹太人圭多和儿子被送往集中营，圭多编了个美丽的童话，告诉儿子这只是一场游戏，只要最后获得1000分，奖品是一辆大坦克。集中营的生活黑暗艰苦，儿子却在爸爸的善意谎言下保持天真快乐，无忧无虑地生活在纳粹阴霾之下。

他相信了，以为那些端着枪的士兵，只是为了配合游戏来维持秩序。

他相信爸爸的话，以为那些被带入毒气室的小孩，只是玩捉迷藏躲了起来，如果被找到是要扣分的。

最后，美国大兵开着坦克出现，小男孩惊喜万分，扑到妈妈怀里幸福地喊“我们赢了”，他不知道，爸爸不会再回来了。直到临死前，圭多仍给儿子留下一个乐观快乐的形象。

了不起的爸爸圭多，替儿子遮风挡雨，为儿子撑起一片晴朗天空。

圭多无疑是伟大的，那么，现实生活里的普通父亲，是不是平淡无奇？

2

下午接女儿放学，几个小朋友不想回家，在幼儿园门口的草坪上追逐打闹。不远处有一串别人不要的气球，大概二三十个捆绑在一起，沾了些灰尘，有点乱有点脏。

街对面工地上有个建筑工人跑过来，拉起那串气球绑在树上，又返回了工地。我想大概他怕气球被风吹到大路上，影响交通吧。

孩子们玩了一会儿，有人发现了围在树干上的气球，于是把它们解下来举到头顶迎风奔跑，其他小朋友紧随其后，好不热闹。差不多一个小时后，刚刚绑气球的工人来了，站在我们旁边看着孩子玩气球，不出声，但面色焦急。

我很好奇，问这几个孩子里是不是有他家孩子，他说不是，他想等孩子们玩够了之后拿到那个气球，带回家给儿子和女儿玩。他略带卑微地问：“怪我没本事，没办法让孩子在这么漂亮又干净的公家幼儿园上学，这个气球你们不要吧？让我带回去给孩子当玩具吧？”

我连忙说“可以可以”，带着孩子们去玩其他游戏，他拖着气球大步走了。他还戴着安全帽，工装上全是白灰，大概是要匆忙回家吃个晚饭再回来继续干活吧。

这是位极为平凡的爸爸，工作风餐露宿，辛苦且危险，他用身躯为孩子撑起保护伞，尽自己所能让孩子的世界绚丽多姿。

3

我想起了我的爸爸。

我刚出生没多久，家人一致决定把我送人，因为是丫头，又是老二，他们想继续生直到生个男孩为止，但家里太穷养不起多个孩子。于是他们选了另一个村子里一户喜欢姑娘的人家，准备把我送给他家养。

我爸妈抱着我到了人家家里，放下就走，然而我爸却一边走一边哭，走到半道儿又折回去，跟对方说反悔了，把我带回了家，说砸锅卖铁也要把几个孩子好好养大。

他除了干家里的农活，还去承包了村里的三口机井，那时候我们经历过几次机井零件被偷事件后，他天天晚上睡在地里看着，不管冬夏。碰到下雨天，也没人浇地，他就把贵重零件拆了带回家。好几年，一直如此。

农闲时，他会替要盖新房的人家打小工，跟着工头在市内跑，做些零星的泥水杂活。扭过腰，落下了病根。

虽然小时候家里很穷，但我们姐弟基本没吃过什么苦，毕业后都脱离了农村生活。一个一辈子在农村靠天吃饭的男人，把几个子女保护得非常好。

贫穷压力下的坚强支撑和温柔守护，是这个不善表达感情的朴实父亲，用大半生心血为孩子们撑起的保护伞。

4

小时候，父亲的隐忍是爱。成家后，男人对女儿的宠溺，也是爱。

老公一直在驻外，每次回来时，箱子里装满了陆陆续续买给宝贝闺女的礼物，通常是些小姑娘喜欢的华而不实的小玩意儿。

在家待的日子里，他能把她宠到天上去，要啥给啥。深夜她说想吃蛋糕，他就立刻开车出去跑再远也要买到；她说想要某个玩具，他就带着她出门去超市找；她看电视上有摩天轮说从没坐过，他吃完饭就拉着我们去儿童乐园。

再次离别时是凌晨，老公收拾好行李箱，进卧室对已经熟睡的女儿亲了又亲，下了楼之后又返回来，再依依不舍地亲一次，我为之动容，接着心酸。

经常能看到这样的场景：父亲和四五岁的儿子久别重

逢，抱在一起不肯撒手，爸爸让儿子骑在头上舍不得放下来，或者把已经长大的闺女公主抱在怀里，这么大了就是不让她自己走路，又或者娇惯着孩子，任他撒娇捣蛋甚至抓脸揪胡子。

这种予取予求的宠溺和想念时却不可见的辛苦，真的，我都特别能理解。

很多年轻的爸爸背井离乡在外打拼，忍受孤独和艰辛，只想为孩子拼一个更好的未来。

如果生活注定艰辛，那么，父亲就是点亮光明的那个人，以实际行动教会孩子，用微笑和坚强面对人生。

父亲是孩子的保护伞，伞下，是美丽人生。

人生很美丽，因为平凡又伟大的父爱，发着光。

聪明的父母先给自己花钱，再给孩子花钱

朋友小静，在她还只是妻子和女儿的时候，时尚浪漫小资，网上购物，外出旅行，朋友聚会，泡泡咖啡厅，日子过得悠闲自在。那是N年前的她。

可现在的她，喊她去电影院的时候，她总是来一句：来我家看吧，电脑上电视上都是免费的，咱不用花那个钱。

中午喊她去吃西餐，她又来一句：来家里，我做饭吃，比外面的既省钱还好吃！要不等孩子放学了咱们带着孩子去。

喊她去旅游，她的回答也是：等到周末咱们带着孩子一起去吧！

约她一起去健身房练瑜伽，她照样说没必要花那个钱，自己在家练就可以。做美容，更不用浪费了，在家敷敷面膜效果也是一样的。

只要遇到花钱的消费，她都认为成了浪费。像吃西餐喝咖啡旅游之类的，都要带着孩子的时候她才肯消费。

自从当上了妈妈，她就像变了一个人，节衣缩食仿佛一下回到了解放初。除了一些必不可少的支出，再也没看到她恣意的生活了。

其实她的收入并未下降，只不过家里大部分的支出都用在了孩子身上。

从怀孕开始，各种检查，胎教，从未落下。生产的时候选了个私立医院，花费不菲。孩子抱在怀里的时候，她欢喜得不得了，仿佛瓷娃娃一般，即便是有自己的亲妈照顾，还是请了月嫂，人家专业。

总收入没变，孩子这边高消费，她自己还有老公就得低消费，尽量少消费。

孩子吃的穿的用的，进口奶粉，名牌服装，就连玩具也要去大商场选环保的。一岁多了，开始上早教，家门口就有早教班，嫌那里环境不太好，每次都要打车抱着孩子去那个知名的早教机构去上课。

上了幼儿园，原本公办的幼儿园有关系可以去，偏不，那里孩子多，担心老师照顾不过来，自己小区里的幼儿园又听说孩子们吃不好，就去了离家较远的一所幼儿园，那里不但环境好，每天还有校车专门接送，各方面都好，当然了，价格也很贵。

现在孩子上了小学，虽说不用交学费，可中午的托费，每月近千元。还给孩子报了培优班和兴趣班，每年也要两三万元。

她的工资每个月四五千元，其实在三线城市也不算很低。老公的收入和她相当，月收入万元的一个小家庭，除去每个月的房贷，虽不富裕，但也不至于过紧巴巴的日子。

全家年收入十万左右，除去房贷、水电、物业费等固定支出四万，储蓄两万元，儿子每年花费三四万元，她和老公能够随意支配的，极少极少。

钱都花在了孩子身上，她和老公，已经无钱可花了。

因为对孩子实施了真正的富养，对于她自己，只能穷养了。对孩子大方得像财主，对自己吝啬得像贫下中农。

有没有仔细算过家里每个人的消费情况？

一个年收入在十万元的家庭，除去固定支出和人际上的礼尚往来，固定储蓄，很多家庭用于孩子的教育支出应当占了很大的一部分。

现在的孩子，除了去学校学习，去报各种价格不菲的兴趣班和补习班，成了一种社会常态。不论家庭经济条件的好坏，不管父母是月收入两万元的还是月收入两千元，都很舍得给孩子花钱，因为孩子是全家的希望啊。

为什么现在各类总裁班如此热门，具有高学历高能力的人更懂得要提高自己，多学习，不吝啬于金钱，也不会把希望全都寄托在孩子身上，让孩子来完成自己未完成的梦想。只有自己努力，才能以身作则，给孩子做个好榜样。

有些低学历低收入的父母，更是喜欢把孩子的教育当成一种投资，把孩子当成了自己唯一的希望。

一次在小区里，看到一个八九岁的小女孩在一旁的凳子上看书，看了一会儿把书扔在一边玩了起来。旁边一个四十岁左右的女清洁工大声呵斥她：还偷懒不好好学习，长大了你就跟我一样当清洁工吧，一辈子都得干这种没出息的工作。

既然自己都嫌弃这份工作，为什么不去找其他的工作呢？比如去学裁剪、缝纫，或者去做家政，当月嫂……工资高的工作有很多，为什么不去努力呢？你把自己都当成了反面教材了，又如何能教出一个有出息的孩子呢？

我也有这样的一位堂姐，老公工资不高，她做着一份收入很低的工作，每当我建议她去学习一样新技术时她总说，还得交不少学费呢，哪有那个闲钱呢？可是她给孩子报的游泳班，象棋班，舞蹈班，孩子学的时候，闲钱就有了，自己去学，不舍得。

身为父母，有多少人会花钱给自己报培训班去学习呢？

学无止境，难道离开学校就不用学习了吗？随着科技的发展，社会竞争的加剧，经济的不景气，我们更需要学习，来提高自身的能力。

在教育上，我们不能只投资孩子，不投资自己。在外在形象上，也是一样的道理。

尤其是母亲，陪伴孩子的时间最长，对孩子的影响最大。很多母亲把女儿打扮得像个公主，儿子穿戴得像个王子，自己却不舍得买喜欢的衣服。作为母亲，不要吝啬给自己花钱，化妆打扮，这是一门学问，注重外在形象，有一个漂亮美丽的妈妈，对孩子来说也是一件引以为豪的事情。

父母把钱花在自己身上，可以更好地提升自己，提高自己赚钱的能力，无论是生活环境，还是工作能力，所交往的朋友圈子，无疑都会潜移默化地影响着孩子。

把大部分钱花在孩子身上，虽说是为了孩子好，有时却会适得其反，无形之中给孩子带来了压力。

聪明的父母，应当先投资自己，先给自己花钱，再给孩子花钱。

最美味的汤都是细火慢熬出来的，人生也一样

朋友英子的宝宝满月，邀请几个朋友家中小聚。午后阳光正好，几个女人聊起了孕育的话题。除了我，她们几个都是顺产的，回忆起生产之痛都表示永生难忘。

英子的表妹刚刚结婚正在备孕，听大家这么一说吓得连忙问我，那剖腹产疼不疼？我不禁莞尔，微笑着说，不知道别人剖腹产疼不疼，我倒不觉得疼。

不是因为我真的不怕疼，而是我经历过比生产之痛更艰难的时刻。

1

刚结婚不久，就发现自己意外怀孕了，可是那份欣喜和激动还没维持几天就被打破了，第一次孕检被医生无情地告

知未见胚胎心管搏动，孩子停止发育了，得做流产手术。

过了一年多，我们做好了各种充分准备再次怀孕，结果依然重蹈覆辙，再次胎停育，再次做流产手术。

连续两次孕育失败对我的打击很大，找专家查原因才知道我的子宫有先天性的问题，很多像我这样的情况连受孕都很困难，更不用说保胎了。专家说，想要孩子的话，调养好身体再碰碰运气试试看吧。

真是犹如晴天霹雳。我默默一遍一遍地想，也许我这辈子都不会有孩子了，我们两个人坐在车上，相对无言，我忍不住泪流满面。

一趟趟去医院，吃各种中药西药，做各种检查，翻阅各种专业资料……别人说久病半个医，绝对是最辛酸的真理。

记得有一次看医生，那天的人特别多，一直等到中午十一点多才被叫号。见到医生还没说两句话，就被刷刷开了两张单子让我去做检查，说半个小时出结果拿给她看。

一路小跑去缴费做检查，等我回到诊室的时候时间刚刚十二点，而医生已经下班不见踪影了。一咬牙，我等！又从中午十二点等到下午两点半，结果护士出来通知说该医生下午出去开会不回来了，让明天再来。

从早晨七点等到下午三点，就得到这么个结果……我还来不及悲愤，公司领导电话打过来，责问我怎么又请假，工作项目什么时候才能完成……

挂了电话，我忍不住号啕大哭。我到底是为了什么，我不过想生个孩子而已，这个要求很过分吗？为什么要我这么辛苦？生孩子在别人那里这么简单的事情，为什么到了我这里就成了不可逾越的人生障碍了？人生为什么就这么难！

那天我一边走一边哭，也不去顾忌路人看我异样的眼光。也不知道走了多久，也不知道哭了多久，天渐渐地黑了，环顾四周，我都不知道自己走到哪里了。最后默默地自己擦干眼泪，打了一辆车回家了。

2

那两年我去医院的次数几乎超过我前三十年去医院的总次数了，各种排队，各种缴费，耗费了大量的时间和精力，面对不耐烦的医生的草草敷衍，多少次发誓再也不去医院了，可是我必须得去——我要生一个自己的孩子！

就这样各种调理，又过了一年时间，我给自己做了各种心理建设，准备再尝试一次，备孕半年后，终于又怀孕了。

立刻请假卧床保胎，全家进入战备状态，真是一朝被蛇咬十年怕井绳，经历了两次失败，这一次怀胎十月我都是战战兢兢挨过来的。

别人怀孕都嫌妊娠反应大太辛苦，于我而言，纵然孕吐让我浑身乏力，却也让我安心，这说明小家伙正在一天天长大啊。每一次产检都紧张万分，生怕有一点儿闪失，恨不得每天照一次B超来确认宝宝的安好。

就这样，一天天、一周周地数日子，终于挨到了足月，一切正常，就等天使降临了。

医生说胎位不正，得提前剖腹产。进手术室前，家人纷纷给我打气，让我不要害怕。其实我根本就不怕！经历了这么多的辛酸和等待，只要孩子能顺利安全降生，生产之痛算什么？横竖不就是挨几刀，我豁出去了！

永远记得在产房里听到宝宝的那一声洪亮的啼哭声，护士抱过来一个小孩子放在我脸上，说："这是你的宝宝，来，亲一下。"

如今回想起来，我依然不觉得剖腹产有多么疼，包括产后压肚子，拔掉止疼泵下床，这些传说中的疼痛也并非虚言，但是身体上的疼痛根本不能与那种精神上的焦虑和无助相比，看着宝宝可爱的小模样，什么痛都不值一提！

3

我成了一个新手妈妈，经历了太多第一次。

第一关就是喂奶，产后第二天开始尝试喂奶，宝宝力气太小不会吸，我伤口还疼只能躺着喂，怎么也找不好角度。姐姐抱着宝宝，老公扶着我，每次喂奶都像航天对接一样！小孩哇哇直哭，三个大人急得满头大汗。

喂奶的姿势总算掌握了，又担心奶水不够，一碗又一碗的汤往肚里灌；一天24小时，不是在喂奶就是在换尿布，要不就是在哄睡，没想到小宝宝睡觉竟然这么困难，又那么容易被惊醒，每天家里人大气都不敢出一声……

熬啊熬，宝宝满月了，眼睛开始滴溜溜四处看了；宝宝三个月了，会翻身了；宝宝六个月了，会坐了……第七个月，噩梦又来了——宝宝开始生病了。

从七个月到一岁这半年时间里，几乎每个月都在生病，呕吐、发烧、哭闹……看着护士往宝宝头上扎针，在宝宝的小手小脚上抽血，真是心都碎了，恨不得代替她去疼，代替她去生病。

短短半年时间，住了三次院。最严重的一次，住了二十多天的院，本来刚刚快要好了，又在院内感染了毛细支气管炎，宝宝有痰却咳不出，只能做雾化打点滴。

因为她每次听到雾化的声音都很害怕很抗拒，我们趁她睡着悄悄给她做，谁知道雾化做到一半孩子脸色开始发白发青，我一看顿时吓得腿都发软了，拼命按床铃，站在病房门口喊医生救命！

一群医生和护士蜂拥而至，对宝宝进行吸痰处理。原来是做雾化的时候痰涌上来堵住了咽喉，导致宝宝呼吸不畅，差点儿窒息。好在抢救及时，宝宝生命没有大碍。

担心再次出现危险，医生给宝宝插上了生命检测仪，插上了氧气，要求我们不眠不休观察48小时。看着小小的孩子浑身连着各种线，听着监测的仪器不时发出滴滴声，她才这么小，却要受这种罪……

回想当初怀孕的各种艰难，如今好不容易生个孩子，又是这么多的磨难，我忍不住跑到外面的阳台上放声大哭，眼泪止不住地流个不停……

4

同病房的林姐到阳台上晒衣服，看见我情绪崩溃的样子，走过来安慰我说："妹子别太难过了，孩子不会有事的。再大的困难，熬一熬也就过去了。"

得知我的经历，林姐感慨不已。她告诉我说她儿子今年才9岁，而她已经48岁了，在生她儿子之前，她一直习惯性流产了六次。

孩子从小到大，也都是磕磕碰碰的，一岁多的时候，经常发烧导致高热惊厥，把她吓得不轻；孩子三岁上了幼儿园，抵抗力不好也经常生病；这次来住院，是要做个小手术。"好在也没什么大毛病，能治就不怕！"林姐笑着说。

我顿时眼圈又红了，没想到还有人比我更辛苦，想起电影《天气预报员》里的台词："成年人的世界里，没有'容易'二字。"

一周后，宝宝终于健康出院了。一岁以后，孩子的体质也慢慢变好了，虽然偶尔还是难免有头疼脑热的时候，但是那段煎熬的日子，总算是过来了。

这几年，随着年岁渐长，越来越多体会到人生百味，总是会遇到这样那样的难题，不过庆幸的是，最后都过来了——想起林姐说的话，熬一熬也就过去了。

“熬”这个字，乍一听会觉得太艰难，仿佛是那看不到光明的黑暗。可是如果静静细品人生经历种种，可不就是这么一个“熬”字吗？

所谓“熬”，不是坐以待毙，也不是怨天尤人，而是落魄时的一分淡然，是挫折中的一线希望，是一种绝境求生的本能，也是一种苦中作乐的坚持。

世上最美味的汤，都是细火慢“熬”出来的。我想，人生也是一样。

这段经历，我一直不敢拿出来讲，这一次鼓起很大的勇气与大家分享，写这篇文章的时候我泪流满面。生活也许不容易，但是我们总会熬过去——给此时此刻或许也处在人生艰难时刻的你。

先爱自己，
才有能力爱家人

你也是这样委曲求全的妈妈吗?

多妈，自从有了女儿，三年多来第一次进大商场买衣服，带着委屈和不甘。

起因是，送多多去早教课，多多死活不让她送进门，涨红着小脸：“乐乐说送我来的是保姆……”

多妈攒着股劲试了好几件“贵”衣服，买单的时候还是犹豫了，她给我短信：“看中两条裙子，要一千多，淘宝怎么买同款啊？”

我提醒她：“那个老婆太节约老公强行离婚的新闻你看过吧？你再被多多的同学当成保姆怎么办？”

那天，多妈穿上新买的裙子，在专柜化好妆，精神抖擞地去接女儿，多多高兴坏了，一个劲儿地夸她漂亮，回到家多爸也一反常态多看了她好几眼，连夸“老婆今天真精神”。

后来，多妈给我发了条短信：“自从有了孩子，我一颗心全在她身上，省吃俭用，把最好的都给她，我包揽所有家务，让老公安心赚钱，给孩子报各种补习班，希望她学会自尊自爱自强。可直到昨天，我才明白，他们要的不是安排家务的保姆，而是快乐愉悦、漂亮自信的老婆和妈妈，而我自己，昨天才真正体会到自信和成就，我才理解，我以身作则爱自己，才是对女儿和老公最好的爱！”

嗯，这才算领悟了当妈的真谛啊！你呢？是保姆妈妈，还是愉悦自信的漂亮妈妈？

妈妈活好自己，才是给孩子最好的榜样！

大部分做了妈妈的女人，总会不由自主地对孩子好，再剩下点心力又全寄托在老公身上。

中国上下五千年，“贤良淑德相夫教子”捆绑着一代又一代的女人们，自觉不自觉的，我们变成了年轻时最看不起的那种女人——蓬头垢面、啰嗦埋怨、充满自怜和怨恨，喜怒哀乐全部掌控在孩子和老公手上！

幸好，越来越多的优秀女性证明，为人妻母，做自己才是硬道理，妈妈快乐充实，孩子才会幸福。

台湾畅销书天后吴淡如，40岁时九死一生，生下不到两斤重的早产女儿，但她依然把自己当成最重要的人来照顾，有好吃的一定先自己吃，为的是让女儿明白“爱不用牺牲”；女儿跌倒，她不惊慌也不扶，为的是让女儿明白那是自己能承受的事。

她爱女儿，但她认为女人必须先满足自己，先爱自己，才能好好爱别人。她出畅销书，当主持人，尝试理财、旅游、创业各方面且都很成功，被誉为“完美女人的典范”。

有一个“把别人眼里惊涛骇浪的人生过成自己多姿多彩的生活”的妈妈，她的女儿能弱到哪里？所以，当年那个岌岌可危的早产儿，出落成身体健康，甜如蜜糖的小姑娘是多么理所当然！

美国著名模特梅耶·马斯克，68岁登杂志拍裸照，打工养出亿万富翁儿子，狂拽酷炫了一辈子。嗯，她的儿子，就是漫威经典形象钢铁侠的原型，27岁创造了美国原版“支付宝”的霸道总裁。

可你知道梅耶曾经多落魄吗？为了支付三个孩子高昂的学费，她谋得多伦多大学的营养学研究员职位，还兼职做模特，再打五份工，竟然还出了本营养学的书……

天哪，每个妈妈都是超人！但这个超人妈妈很懂得爱自己，最艰难的时候，她依然是精致的女人，发工资第一件事就是为光秃秃的家添置温馨的地毯，任何时候都拼尽全力去生活。

68岁，她说，永远不要成为任何人的附属，永远做最爱的自己，一辈子都做最崭新的自己！

先爱自己，才有能力爱家人！

爱自己并不是指物质上的追求，更不是指事事以自我为中心的自私，而是指为人妻母，也依然要有自己的人生和梦想，不委屈，不将就，蕙质兰心，一点一滴把无聊烦琐的日子过得享受又精致。

首先，全力保持自己的美好，这是所有自信的源泉！包括但不限于容貌、身材、兴趣和爱好。

当了妈，价值观都变了，但更易变的是妈妈的水蛇腰……但只要有决心，美好绝对能继续。背靠着墙直立五分钟，瘦身又身姿挺拔；记性再差也和孩子一起学习，和孩子共同成长的感觉实在很酷！我认识的一位妈妈，就是陪孩子学习时，学会了国画，去参赛还获得一等奖！

当然，一定要让爸爸参与照顾孩子！

爸爸忙？能忙过奥巴马吗？人家竞选总统的时候还去参加女儿的家长会呢！爸爸不靠谱？再不靠谱也是亲生的。科学已经无数次证明，多和爸爸在一起的孩子，情商和智商都更高。

妈妈们只需要安下心来，好好享受这段独处时光，会闺密、喝茶逛街，美容健身，就算发呆也极好。你要相信，爸爸会爱上这样的亲子时光，他会发现，给你越多的独处和自由，你伺候他和娃的时候越是心甘情愿的愉悦。

最要紧的是，把爱自己融入生活的一点一滴。像梅耶一样，再落魄也拼尽全力去生活，做精致的女人。

例如，孩子的点心时间，记得给自己也来份牛奶、饼干和水果，摆放在漂亮的餐盘，坐在阳光明媚的阳台，摆上一束十几元能盛放一周的鲜花。

只要有一颗爱自己的心，你会发现不过换个角度，就在纷繁复杂的家务里找到了乐趣，日子就变得明媚起来。生活一定会给善待自己的人更多幸福，而对于孩子，有什么艺术早教课能比妈妈追求精致，更让他懂得生活的美好和诗意的享受！

或许千难万阻，但变化从“心”开始，一点一滴，好好地爱自己，妈妈活得充实快乐，勇敢无畏，孩子自然对人生充满信心和期待，世界才有机会变成美好的明天！

第二章

爱·教养：一念繁花，一念深渊

爱与溺爱：
一念繁花，一念深渊

养娃路上，有一个关键字不能不提，那就是“爱”。为人父母，我们都深爱自己的孩子，可是在爱的路上，我们却经常遇到一些障碍。

比如，很多人羞于用言语表达对孩子的爱，担心被孩子以爱要挟；还有一些人害怕跟孩子过于亲近，尤其是孩子的父亲，认为距离感才能建立威严，自己必须作为制止孩子不良行为的震慑者存在；还有一些人，对孩子要求严厉，不愿轻易满足孩子的需求，生怕惯坏了孩子。

追根究底，这些爱的路上的障碍，都是在爱与溺爱之间界限不明、区分不清所造成的。我们太过于担心，自己的爱会成为害了孩子的溺爱，却往往造成了矫枉过正的后果。

爱与溺爱，都是出于爱的本心

事实上，这个问题，在我家里也曾经反复出现过，主要体现在隔代共同抚养孩子的教育分歧之上。

比如，每天我上班的时候，儿子小树都会一次一次地要求我抱抱他，再亲亲他，或者有时候撒泼不肯让我离开。此时，小树奶奶常会劝我悄悄离开，并告诉我下次走的时候别让小树知道。但我每次都会满足小树的各种要求，并和小树聊天，最终直到小树同意和我说再见。

在老人眼里，这样的行为，往往就是溺爱孩子，被孩子控制了自己行为，我却认为这是一种非常必要的爱孩子的表现。

又如，在小树吃饭的问题上，小树奶奶每天对着小树又是哄、又是劝，有时还会升级成追着喂饭。而此时，我觉得应当把吃饭的自由还给孩子。于是，我们进行了一段时间的探索。

在小树20个月时，我们彻底放手，由他自主吃饭，而且不论吃多少，只要他要求离桌，便抱他下来。而这探索的过程中小树免不了挨饿，奶奶极是心疼。庆幸的是，小树在两周之内学会了完全自主吃饭。

在我的眼里，奶奶追着孩子喂饭是一种溺爱，而奶奶眼中，我放任小树“挨饿”的“不爱”行为，恰恰也是我爱的一种方式。

爱的滋养，是孩子成长路上的必需

溺爱常常是我们育儿路上闻之色变的“拦路虎”。可是为了防止溺爱，我们是否常常把正常的爱也划归到了溺爱之中呢？溺爱固然可怕，可是缺乏了正常的爱的滋养，对于孩子心灵成长的伤害，可能会更加严重。

尤其是对于幼儿而言，父母的爱，是孩子建立自我的必需品。当孩子初生到这个世界，他对一切都感到陌生和恐惧。他们的大脑是混沌的，他们既不了解这个世界，也不了解他们自己。

伴随着他们的逐渐长大，他们认知能力的逐渐提升，父母对于他们的需求是否及时回应，父母是否用充满爱意的语言和肢体动作呵护他们，形成了他们最初对这个世界的感受，也形成他们对自我的认知。

当他们认为“我是被爱的、受欢迎的、被呵护的”时候，更有利于他们建立自身的安全感，能够更加放心大胆地探索世界。

在美国心理学家简·尼尔森的《正面管教》一书中甚至提到：“在孩子出生后的头几年，与关爱并积极做出回应的父母和其他照料人之间的情感联结，对你的孩子是至关重要的。你影响着宝宝的大脑结构和回路；你影响着他将成为什么样的人以及他拥有什么样的未来。”

爱与溺爱，一念繁花，一念深渊

爱对于孩子如此重要，而溺爱却对孩子有害，爱与溺爱究竟应当如何区分呢？

1.爱是给予孩子平等的尊重，并懂得适当放手

我们需要尊重孩子的成长规律和认知局限，同时把他当作与自己平等的另一个人来对待。尊重孩子的心理需求，在给予孩子恰当保护的基础上，尊重孩子渴望探索的自由意志，尊重孩子的隐私和尊严。

而放手的过程，则是随着孩子的长大，父母逐渐得体退出的过程，是孩子发展独立自我的必要条件。

2.相对而言，溺爱则更多是对孩子的过度保护、包办替代和特殊待遇

不准孩子碰这碰那，生怕孩子发生磕碰，虽然我们的目的是保护孩子安全，但父母及家人的过度反应同时也束缚了孩子的探索，不利于孩子创造力的产生和好奇心的满足。

还有不让已经具备能力的孩子学习吃饭、穿衣等生活技能，而都由他人代劳。这种溺爱行为会让孩子对自我能力产生怀疑，不利于孩子的独立发展，更可能形成孩子过强的依赖性。

再有就是在家庭中给予孩子特殊待遇，凡是好吃的、好玩的都只给孩子，这样将容易形成孩子唯我独尊的个性，不利于孩子发展良性的人际关系，也不利于孩子形成尊重长辈的意识。

3.爱是给予孩子信任和接纳，同时温和而坚定地建立规则

对于幼小的孩子而言，他们需要父母坚定地同他们站在一起，当孩子被误解时，甚至当孩子犯错误时，他们都需要父母坚定不移的爱和共同的承担。给予孩子信任和接纳也是获得孩子信任的基础条件。

对于孩子的失当行为，对他人造成困扰的行为，甚至自身的危险行为，需要坚决制止的，我们必须坚守底线，用温和而坚定的方式为孩子建立规则。

4.相对而言，溺爱则是过度袒护孩子和无原则的妥协

袒护，是对孩子接纳和信任的过度延伸。袒护是不辨是非的包庇纵容，即使孩子错了也辩说成是对的，这样将会彻底打乱孩子的是非观念，仗着家人的支持，为所欲为，在错误的道路上越走越远。

在不当的行为上面，对孩子无原则地妥协，同样不利于孩子建立自己的是非观念体系，让孩子在危险面前不懂止步。

爱，区区一字，重值千斤。在爱与溺爱之间，千丝万缕、层层纠缠。

不要因为害怕溺爱而让正常的爱成为孩子世界里的奢侈，也不要让溺爱成为限制孩子成长的障碍。

愿孩子的世界里，处处是因爱绽放的美景。

别让你的抱怨
坑了孩子一生

"你爸爸太懒了，家里什么事都不干！"

"你妈整天就知道唠叨，都要被她烦死了！"

类似这样的话语，大家应该都有听见自己的父母说过，我也不例外。

从我记事开始，我经常会听见妈妈对爸爸的抱怨。有时是在他俩吵完架之后，我妈一把鼻涕一把眼泪地在我面前数落我爸自私、霸道、不知道关心人；有时是因为我犯了一些错，我妈在说我的时候触景生情，就又把我爸拎出来批斗一番。

小时候的我并不理解，因为在我的印象里爸爸是个好爸爸，每天接送我上幼儿园，还给我买玩具。但在我妈长年累月的"洗脑"之后，我渐渐地开始同情起她，慢慢地疏远了我爸。

可是随着年龄的增长，那个一心想保护妈妈的我，却越来越想逃开，因为我发现我没有能力解决她的烦恼，反而自己被拖进了负面情绪的深渊。而且，很多事情都是妈妈单方面地夸大，爸爸并没有妈妈说的那样不堪。

高三那年的夏天，作为走读生的我每天中午都回家吃饭午休。我妈因为工作比较自由，所以都是她赶回来给我做饭。有一天，在饭桌上，我扒拉着碗里的饭，嘟哝了一句："怎么买豆芽菜呀，我最不爱吃了。"

妈妈一听，立马指着我说："每天晚上都问你要吃什么，你都说随便随便，等我买来了，你又说这个也不爱吃，那个也不爱吃，这脾气怎么和你爸一样！"一听这开场白，我就知道她接下去又要说啥了，于是我默默地闷头吃饭，希望这个风波尽快过去。

但是妈妈似乎还不想歇，她看了我一眼，把碗一推，继续说道："你爸说话总是出尔反尔，每次答应好的事情，第二天又改变主意了。前几天还说周末一起去趟你外婆家，结果我昨天问他，他又说忙，不去了。真不知道他在忙什么，每天天亮出门，天黑回家，家里什么事情都不管，连你他都不管。"

我开始烦躁起来，忍不住反驳道："你别老是说我爸不好，不管我，学校里的家长会都是他去的，每天晚自习也是他来接我的。"

妈妈没想到我会回嘴维护爸爸，眼中闪过一丝错愕，但又马上开口说："你以为你爸爸偶尔去学校接你，问一下吃饱穿暖没，就表示他有多爱你。他从来没有给你洗一件衣服，烧过一餐饭。他一点儿都不喜欢你，你还在这里爸爸长爸爸短的。”

听完这句话，我突然崩溃了，之前妈妈还只是单纯地说爸爸这不好那不好，今天突然上升到了爸爸并不喜欢我，积压的那些情绪似乎找到了一个宣泄口，眼泪不住地往下掉。

“爸爸不喜欢我，你很开心吗？既然爸爸那么不好，你干吗还和他一起过日子，离婚啊！每次和你在一起，不出两句话就要拐到我爸身上，我真的听够了！”

我妈怔住了，沉默了好一会儿之后，她开口说：“对不起，我不该总说你爸不好。妈妈忘了你还只是个孩子，我不该把我们大人之间的问题加在你身上。以后妈妈不说了。”从那以后，她虽有收敛，但是“本性难改”，偶尔还是会忍不住爆发几次。

爸爸或妈妈一味在孩子面前抱怨另一方，这其实对孩子的心理伤害还蛮大的，类似我这样感受的人也不少。

亲宝宝社区里的一位妈妈说，从她10岁起父母就吵架、打架。爸爸在家时，妈妈会当着她的面侮辱爸爸；如果爸爸不在家，妈妈就一直和她灌输爸爸不是人的思想。看着这样的父母，她从害怕到淡定，最后甚至是厌恶，希望他俩赶紧离婚。

还有一位妈妈说：“我家是我爸太不讲理，又特别啰唆，每次吵架真的是八百年前的破事都能再拿出来扯，还说得头头是道。在他眼里我妈一无是处，我妈却一味忍让，日子过成这样还不肯离婚。生活在这样的家庭特别无奈，心里的苦只有自己知道。”

那些童年在父母互相的抱怨中度过的人，无一例外，都对父母之间这样的相处方式感到厌恶甚至是绝望，他们打心底里觉得与其这样生活，不如就此分开，这样或许还能在心里保存对爸爸或者对妈妈的那一份美好。

其实，很多父母在孩子面前抱怨对方，目的是想拉孩子和自己统一战线，但这么做就是让孩子从此排斥那个被抱怨的爸爸或者妈妈，但无论是爸爸还是妈妈，都和孩子有着无法割断的血缘关系。

在孩子面前抱怨另一半，会让孩子认识到这么一个事实，那个被你说的那么不堪的人，竟是孩子最依赖和最信任的人，这时孩子的内心会很复杂。

而且很多父母在数落完对方的不是，撂下很多狠话之后，好像又和什么都没发生一样，继续同处过日子，但幼小的孩子会有混乱，到底他俩谁说的是真的，谁说的是假的？

很多时候，父母并没有意识到，他们的那些抱怨会在孩子心中留下深深的烙印，影响孩子的择偶观、婚姻观，甚至是孩子的一生。

上大学之后，我有次和妈妈谈起她抱怨我爸的事。妈妈说，她觉得她平日里的那些抱怨就像家常话，而且在她眼里，我不仅是她的女儿，更是她的知己。于是那些不足与外人道的话，就一股脑儿全塞给了我。但她不知道的是，因为她的话，我心里面爸爸的形象已经扭曲。

她的每一次抱怨，都让我对家庭生活的失望加剧，于是我变得和爸爸不亲，继而害怕去和男性接触，害怕婚姻，因为害怕以后变成妈妈一样，结婚后整天吐槽老公，所以还不如不恋爱结婚算了。

“在他们吵架的那几年我也是备受煎熬，甚至影响了我的性格脾气，所以我一直不相信婚姻，直到27岁在各方压力下才开始恋爱。”亲宝宝社区里一位两岁半孩子的妈妈，与我有着一模一样的心理阴影。

即使是最完美的婚姻，一生中也会有200次离婚的念头和50次掐死对方的想法。所以，对另一半有抱怨是件很正常的事情。但请不要把这种情绪传递给孩子，他不是你的知己，更不是你的垃圾桶，没义务接收你的不满和不快。

如果对另一半有意见时，要么避开孩子和他（她）说清楚；要么找一个成年人倾诉；要么自己慢慢消化……反正绝对不是对着你的孩子说！要记住，你可以给予孩子的是你的爱，而不是你对另一半的抱怨，你说的每一句话，都会在他的人生里留下不可抹去的痕迹。

最后用一位新手妈妈的话，来做个结尾，也算是对大家的一种倡议了：我们这一代有太多人在父母相互抱怨这种环境下长大的，期望我们以后的人生不再遭遇这些，记住不要在我们的孩子面前抱怨另一半的不好，给我们的孩子一个更好的成长环境。

孩子，钱袋穷没关系，千万别穷了心！

1

小诣小的时候，特别腼腆，不爱和人打招呼。我和诣爸为了锻炼他大方开朗些，每次买东西就把钱给小诣，让他去交流，付钱。

后来发现，孩子和陌生人的交流很好，语言流畅、思路清晰。但是，由此也产生一些问题，比如孩子特别喜欢买东西。有时，我觉得他喜欢的不是买回来的东西，而是买东西的过程，他总是有想买的东西。

于是，我就想要限制，孩子很听话，满脑子都是我灌输的“要节约”！

可是，后来遇到一件事，我又纠结了。

小诣两周岁的时候，我带他回家，下了火车要走2000

米才能坐到公车。孩子小，带了好多东西，天气不好，还下着小雨。

我要打车。我妈却说，没有几步路，走着就好。

妈妈一向节俭，我和诣爸也是白手起家，并不富裕，所以，妈妈也是心疼我。可是，我心疼妈妈，不肯让她背太多东西，其实她拿的也并不少。我抱着孩子，又背着大包，还不想儿子被雨淋，一再地遮挡。孩子被束缚紧了，也很烦躁。

这种莫名的烦躁在三个人之间相互传染，我们就这样走到了公车站，可是我的情绪却一下子低沉下来，不高兴，又不敢表现。妈妈也不明白我为什么一下子就泄了气。

总之，那天，虽然省了几元钱，我却失了好心情，每每想起这件事，都觉得心里不晴朗。

由此，我想到了朋友，为了孝敬爸妈，她在市里一个高档小区给老人买了房子，入住时，我去了，满屋子的华丽。

可是，一年以后，我再去的时候，沙发被一块俗气的花布包了起来，床上的被褥也换上了旧的，卫生间里有老人从农村带来的马扎儿，阳台上有老人捡回的饮料瓶……

朋友也很无奈，一套房子，七八十万元，家里真不差这点儿小钱，老人自己的存款也不少，可是，一辈子的习惯改不了。

其实，穷的不是钱袋，是心一直穷着。我不想孩子这样，我又宁愿孩子奢侈一点。

2

几个小朋友总聚在一起，今天拿个枪，明天拿个车。球球抱着姑姑从法国邮来的玩具车，得意地问："小诣，你有吗？"

周围的几个小朋友都黯淡下来，球球更加得意了。

我在旁边看着，这么小的孩子是在炫富吗？

回来的时候，小诣很沉默，噘着小嘴："妈妈，我也想要那个车，可是，我姑姑不在法国，咱们肯定也买不起！"

也许，这是小诣一定要面对的，人生路上总有比你强比你富有的人，我无法否认，也不想失去一个增长小诣逆商的机会。

我只是轻轻地说："小诣，不能因为别人有没有，决定买不买。能不能买得起要看是不是真的需要。妈妈和球球妈妈会一模一样吗？"

小诣说："不会！"

"对啊，所以，小诣的玩具也不会和球球的一模一样，你会有他喜欢而没有的，球球也会有你喜欢而没有的。妈妈爱你，姑姑也爱你！"我觉得自己有些语重心长，不知孩子有没有听懂。

我在心里想：小诣，妈妈想教会你花钱。教会你买自己喜欢的，能承受的。既不攀比，也不卑微。像苏格拉底一样，在琳琅满目的集市中，能看到有多少是我们不需要的。

3

说孩子容易，讲道理不难，可是，有的时候，自己也会犯糊涂。

平时小诣对穿戴都不挑剔，所以，每次买衣服都是满足作为妈妈的我的需要，他的衣服也是高低贵贱什么样的都有。有一次，和朋友逛商场，看见一件儿童T恤几百大钞，但是款式面料都刚好适合。

于是，我平静地告诉服务员，打包付款。其实，我心里有些纠结，一点点心疼一点点得意。觉得自己好爱孩子啊，这么贵的衣服自己都不舍得，都穿在一个小毛孩身上了。

当儿子穿上之后，我看着小家伙帅帅的样子，又有些显摆。

“儿子，这是A牌，好贵的，你们小朋友中有穿A牌的吗？”

“那怎么了，妈妈，这有什么啊？”

小家伙继续向前走，都没撩我一眼，是啊，这有什么啊？

是我虚荣了，我津津乐道的不是这件衣服本身，而是我认为的小贵的价格。还好，小诣没有被我的思维带走。

4

还有一次，小诣问我："妈妈，什么比天还大，比地还大？"

"什么？"我知道，这样问的时候，他一定是有了自己的答案。

"是手，妈妈你看，手捂上眼睛就什么都看不见了！"

小诣用小手捂在自己的眼睛上，旋即，又拿开："妈妈，你看，星星五光十色的！"

那天的夜晚很晴朗，可以看见天上的星星。可是，那星星只是点点的光芒。

"星星怎么会五光十色？"我问。

小诣没有回答我就跑开，自顾自地玩去了，其实，我问完就不想要答案了。儿子简单的思维中，没有质疑，没有限制，可能这就是最自由的年龄吧！

孩子，记住，手大于天，星星也会五光十色，这样，你就一辈子都是个富有的人！

5

我们想要孩子形成什么样的财富观，这个问题一直很纠结。因为我小的时候妈妈教我要节约，可是，我不想孩子长大后，无论年薪多少，心里都是个穷人。又怕放纵得多了，再养成孩子浪费的坏习惯。

但是，这几件事启发了我，孩子以后对待钱财的标准应该是在收入允许的情况下，舍得一掷千金，买下自己喜欢的，也可以菜市场三元两角争争讲讲；可以进得五星级酒店不觉奢侈，也可以路边摊放浪形骸。

一切听从自己内心的需要，而不以钱多钱少，一叶障目。

孩子要爱，
规矩也要教

周末，和老公一起去参加他一个同事的孩子的生日party，因为是九岁，按当地风俗，party比较正式。

小朋友们都高兴坏了，在大厅里跑来跑去做游戏，看到了三层佩奇蛋糕，更是特别兴奋。

大部分孩子只是在旁边看，一起讨论哪一个是猪爸爸，哪个是佩奇，还模仿小猪哼哼叫。可有一个小男孩，却伸手把蛋糕上的佩奇直接拿了下来，一边拿着一边说："佩奇是我的，因为我是最帅的男孩。"

这个举动显然引起了孩子队伍的躁动，先是过生日的小女孩大哭起来，哭着说："今天是我过生日，你们应该都听我的，佩奇也是我的，凭什么你要拿走！"

说着，这个九岁的小女孩就直接把这个年龄小一点的男孩，推倒在地，还咬了他。

有孩子赶紧跑去向大人告状。这时老公的同事，和拿了佩奇的小男孩家长也来了。

老公的同事一直在安慰哭泣的女儿，说明天会给她买更好看的佩奇毛绒玩具，或者给她买一个好看的芭比公主，在爸爸的各种物质攻击下，小寿星终于破涕为笑。

小男孩的妈妈呢，一直在说："怎么能打人呢？打人是不对的。"

再看那个闯了祸的小男孩，躲在妈妈怀里委屈着，手里却一直拿着佩奇，像一个胜利者享受自己的战利品。她妈妈只是不痛不痒地说了一句："你这孩子真是的。"

旁边有一个大一点的孩子，指责这个小男孩，说他这样做是不对的，应该把佩奇放回去。"干吗要还回去，这是我的！"小男孩拿着佩奇就跑开了。而他的妈妈，也就跟着走了。

从头到尾，这个小男孩的妈妈都没有要求自己的孩子，为自己的行为去道歉。

这个小寿星的爸爸，也没有让自己的女儿，用一颗包容的心，去原谅小伙伴的错误，只是一味地用物质上的东西，去转移孩子的注意力。

从这个事不难看出，这两个孩子都不懂得规矩。

小男孩这个年纪，应该懂得，没有经过别人的允许，拿别人的东西是不对的。

很显然，这一点他的家长并没有教他，所以他才会理直气壮地认为自己拿了别人的东西就是自己的，更不会去道歉。

虽然小男孩错在先，可女孩动手去打他，而且，她爸爸也没有说打人是不对的。

没有规矩的孩子，真的让人很讨厌。

这让我想起我小时候的一个事，就是在过年的时候，每一家都会准备果盘，小孩子去拜年，都会得到一些糖果。

我弟弟很喜欢玉米糖，所以到亲戚家里，第一件事就是去找果盘，然后把里面的玉米糖装在自己的口袋里。

就是因为这个事，他被我妈狠狠地教训了一顿。弟弟很不服气，说过年就应该吃自己喜欢吃的。

后来，我妈去街上买了一大袋玉米糖回来，告诉弟弟，喜欢的东西，可以跟妈妈说，妈妈买给你，但是去别人家，只有别人给了你，你才能拿。

从那以后，弟弟去谁家都不会再拿任何东西了。

现在的孩子都是大人手心里的宝，尤其是很多老人带娃，都是被孩子牵着鼻子走，还美其名曰——“隔代疼”。

要知道很多“疼”，到后来都成了“害”。

曾在网上看到过一个故事，一个人跟他的德国朋友出去，路过郊区的一条小河，看到一个小孩在钓鱼，旁边却放着两根钓竿，德国朋友不高兴地走过去，问道：“怎么会有两根钓鱼竿？”（德国规定一个人只能用一根钓竿）

小孩回说：“跟同学一起来的，他上洗手间了。”

德国朋友继续问道：“有执照吗？”（德国规定钓鱼要有执照）

小朋友赶紧掏出执照：“有呢，你看。”

朋友继续问道：“带尺子了吗？”（德国规定钓鱼要有尺子，钓上来的鱼不到规定的尺寸要放回去）

“带了，带了。”小孩连忙掏出尺子。于是德国朋友走开了。

这个人以为朋友认识这个小孩，可事实上，他朋友根本不认识这个孩子，之所以管教，是因为在整个德国，大人们都会认为教育是整个社会的责任，孩子是德国的未来，每个德国人都有责任随时随地进行教育。

看到这个故事，我个人就特别有感触。中国古代就有“子不教父之过”，可现在呢，还是有那么多人，根本不会教孩子懂得规矩。

让孩子懂得规矩，是有很多好处的。

1.有利于提高孩子的自觉性

经常会有家长觉得自己的孩子什么都指望大人，当妈太累了，吃饭要吼，睡觉要喊。那是因为你没有给孩子定规矩。

在我儿子一周岁的时候，他就知道吃饭一定要坐在餐桌旁，讲完睡前故事就得睡觉。所以很多妈妈累就累在，没有让孩子懂得吃饭和睡觉的时候应该遵守的规矩。

定下了规矩，孩子自律性提高，不容易犯错，也会和周围的人和谐相处。

2.激发孩子的兴趣

三年级开始学习英语，丫头怎么都进入不了状态。

我规定她，每天早上抽出十分钟听读英语，晚上回来会有半个小时，解决英语上的问题，老师教了她不懂的，可以来问我，第二天，我们再听写，每个周末，会让她看一个英语视频。

这样一学期下来，她的英语成绩全班第一，而且，特别喜欢英语。

在我定的“规矩”之下，她对英语有了兴趣，因为有了兴趣才会学好这门学科。

俗话说：“有规矩才有方圆”，没有规矩的约束，孩子容易叛逆，性格散漫，不仅家长头疼，孩子自己过得也不快乐，对什么事情都提不起兴趣。

3.调节孩子的社交能力

有一次，去娘家小住几天。丫头和一帮小孩子在一起玩，不知道怎么的一个孩子就摔跤受伤了。

他跑回来告状，说是被人推的。当时，就有人说他撒谎，因为他一直都不听话，和谁在一起玩，都会打架，不合群。

因为这个孩子跟小朋友在一起玩，从来不遵守规则，不仅得到朋友们的排斥，就在自己受伤时，说的话也不被相信，在大家眼里，他是一个不靠谱的人，由此，他跟朋友在一起，也没有办法相处好。

所以说，有规矩地去做事，也会不容易产生纠纷，不会让别人误会，能博得周围人更多的信任。

4.培养孩子良好的人格

凡是见过我家丫头的人，都会对我竖起大拇指，说特别喜欢我丫头这样安静懂事的女孩。

其实呢，她并不是一个完美的女孩，也有自己的缺点，只是在每一种场合，都会适时地“收敛”一下，懂得一些规矩。

比如，遇见长辈要问好，跟小伙伴在一起，懂得包容；去别人家不乱翻东西，不随便接受别人的礼物；不说脏话。

她之所以会变成这样惹人疼的孩子，是因为在她的成长之路，我动用了“规矩”这一个标尺。

也有家长，会把懂得规矩和限制孩子自由发展混为一谈，总觉得在孩子的成长道路上，不应该干涉和约束太多。

一个有规矩的孩子，在和别人一起相处的时候，会带给别人快乐和轻松，也会让人赏心悦目。

没有人会告诉你，你的孩子没有规矩。但是，规矩的确是孩子成长道路上不可缺少的一根标尺。

教育孩子有规矩，并不是不爱他们，而是为了让他们成为一个受欢迎和被肯定的人。

想把孩子培养成你的骄傲，不如先让TA引你为傲

1

去年的时候老公的工作不是太忙，在办公室里画了几幅画，晚上拿回了家。儿子见了后，大吃一惊：“爸爸，这是你画的吗？真是你画的？这比培训班的老师画得好多了！”儿子都不太相信这是他爸爸画的。

他长到8岁了，还是第一次看到爸爸的画。

当天晚上，他就让爸爸教他，从此，画画的兴趣一发不可收拾，回到家都会先拿起画笔，画上几张，周末的时候，也会去儿童阅览室借一些关于美术方面的书。

前几年，说过许多次让他学画画，或者去上培训班，或者跟着爸爸学都可以，可儿子并不用心学，跟着爸爸画了几个橘子苹果，心不甘情不愿的，一会去看电视了，一会又玩

游戏去了，就算是坐在画架前，也是一副心不在焉的样子，我也懒得再管，既然对画画没兴趣，那就算了，不用再朝这个方向努力了。

老公这些年在做家装设计师，平时在家都是在给客户做一些预算，或者是电脑作图，偶尔手绘图，也是一些桌椅板凳之类的装修效果图。十几年来很少再画画了。

像这种风景画，油画之类的，儿子以前在外面看到，总是惊叹别人画得好。第一次在家里看到，他这才知道，原来爸爸真会画画，完全可以当他的老师了。

有一次儿子的同学来家里玩，儿子带着骄傲的神情，拿出了爸爸的画开始显摆："这是我爸爸画的，看画得怎么样？"听到同学的夸奖声，儿子把画收了起来，说，以后我也要画得跟爸爸一样好。

以前每天吃过晚饭后，儿子都要先玩会儿电脑游戏，再看电视，现在首先做的事，就是拿起画笔，坐在画架前，认认真真地学画画。

儿子学习美术的兴趣，被老公的几幅画给激发起来了。

2

在我们的眼中，总是希望自己的孩子能够学习成绩好，另外再有个兴趣爱好，能够让我们以此为傲。

在家长群里，谁家的孩子学习成绩好，无疑在里面自信心满满，考试的时候谁家的孩子考了第一名第二名，那他的家长也会收获许多其他家长的羡慕与称赞，反之，谁家的孩子学习成绩不好，考了个倒数，那家长的面子也会给丢了不少。

孩子的学习成绩是一方面，孩子的为人处世也是一方面，孩子的学习成绩不好，但是乖巧懂事，乐于助人，也会让家长感觉欣慰。

儿子有一位同学叫刘明，他的妈妈在我们小区物业当保洁，爸爸做一些零工，收入也不是太高。周末的时候他便会跟妈妈一起来上班，常来家里找儿子玩。

刘明的学习成绩非常好，人也比较勤快懂事，是学校的乒乓球队员，去年暑假还去了外地参加比赛，家长群里，常有其他家长夸奖刘明学习认真努力，是个好孩子。

好孩子的背后都会有好父母，不一定是优越的家庭经济条件，也未必是高学历的知识分子，父母一定是乐观努力积极上进的，有特长，让孩子看到你的闪光点，因你而自豪，以你为傲，给孩子以自信，鼓励着他一路前行。

刘明的爸爸妈妈虽然收入不高，但是兴趣爱好非常丰富，妈妈喜欢唱歌，虽然从未受过专业培训，却有一副好嗓子，每当电视上有了选秀节目，她的妈妈总是会去参加，刘明跟着去给妈妈当啦啦队，虽然没有得过大奖，但是小奖却也不断。

刘明的爸爸喜欢运动，特别是乒乓球和篮球。工作间隙，常和朋友一起去打球，周末的时候都会带上儿子一起去。在父亲的带动下，刘明也喜欢上了运动，尤其是乒乓球，更成了他的最爱。父子俩常一起切磋，一起看比赛，更成了好搭档。

微薄的收入，生活的艰辛，并没有让这一对夫妻整日愁眉苦脸，每次见到他们，总是乐呵呵的，两人相亲相爱，有着各自的兴趣与爱好，刘明也成了一个阳光健康的优秀孩子。

如果有一位酗酒的父亲，整日打麻将的母亲，自己不上进无任何特长，也很难要求孩子积极努力，认真学习，更难培养出优秀的孩子。

身为保洁员的妈妈，干零工的爸爸，并没有让刘明提起父母来自卑，而是充满着自豪，小人物也要有亮点，才能让孩子吸收你的光和热。

3

孩子的兴趣与爱好现在更是被许多父母所看重，孩子歌唱得好，舞跳得好，画画得好，琴弹得好，也可以和学习成绩一样，成为许多父母乐于和朋友提起的，让我们因孩子而自豪。

同样的，其实孩子对父母也有着期盼，他们也希望自己的父母是优秀的，上进的，乐观的，特别是能够让他们引以为豪的。

我们常常因为学习成绩的好坏把孩子分成优等生、差等生，还有中间生，那父母也因社会地位的不同，收入的高低而有了差距。

富二代常常会收获艳羡的眼神，因为他们有一个富有的父亲，拼爹也是一种资本，可精英和富豪只是极少的一部分，我们大部分做父母的，都是工薪阶层的中间生。

既没有过多的财富，也没有社会名望，就是普普通通的上班族，我们在尽自己所能地给孩子提供一个较好的生活环境和受教育的机会，并也提出了我们的期望：你要努力学习，让我们因你而自豪。

我们也应该发掘自己的潜能和亮点，让孩子因我们而自豪，积极上进的父母，即便没有太多的钱，但是有一技之长，或者有喜欢的兴趣爱好，展示出自己的优秀，也给孩子做了好榜样。

虽然我们在社会上是“中等生”，但是有了自己的亮点，让孩子以你为傲，给了他自信，照样能培养出快乐优秀的好孩子。

父母和孩子互相引以为傲，就是最好的双赢！

对待钱的健康心态，比钱和财商培养更重要

小二班的群里又炸开了锅，好几个家长在微信群里面呼喊着，我家儿子/女儿问谁借了钱，小孩子乱花钱又不记得是向谁借的，很抱歉……

这次二年级秋游，老师告知家长可以给每个孩子拿80元钱，买些小纪念品回家。大部分孩子都把钱花光，甚至还有借钱买东西的，还有小部分没有花光，也有只花了10元钱的，比如我闺女。

家长们都在问我“你家小北真是节省啊，这么有克制力，你怎么教的”。其实不是孩子有意节省，是她觉得没有值得买的东西，只买了一个包装漂亮的饼干，跟同学分享吃掉了。

有妈妈私聊我，她家儿子每次去超市要买各种玩具和零食，如果不满足他的需求，就开始耍脾气或软磨硬泡，她总

是心软满足孩子的要求。听说我女儿竟然会“没有值得买的东西，拿到手里的钱也不花”，非常惊讶。

于是，我就跟她分享了我在女儿“花钱”上面下的功夫。

幼儿园开始“1次买1样”的预防针

闺蜜说我女儿是富养，我笑笑默许。这个富养，不是我给她买了多少名牌服饰、鞋包和玩具，也不是花钱无度，而是我从小就给她自己掌控“钱”的权利。

当妈的都有这个体验，孩子一到了超市商场，什么都想要。今天给他买了这些东西，下次再购物他会有更多新的要买，这就开始涉猎了你所不希望的“不健康的”“价格贵的”东西。

如果你不满足孩子的需求，他就会诧异为什么妈妈不再给我买了，于是他就会想办法，会通过大哭大闹或撒娇等方式得到满足，如果不满足，就会上演妈娃大吼大哭的戏码。

最后，妈妈们往往带着满腔怒火，孩子骂也骂了，东西最后也买了。但心里总归是对孩子毫无克制的购物行为而伤神。

与其让事态这么发展，不如一开始就给孩子们定下规矩。

在小北还在读幼儿园的时候，我会像对待成年人一样，跟她说，今天我们一起逛超市，妈妈要买洗发水、牙膏、水果蔬菜，还有你要吃的奶酪、牛奶、酸奶……你也可以买东西哦，但“1次只挑1样”。

得知自己可以挑东西，女儿很开心，痛快答应。可到了挑的时候，这个也想要，那个也想要。我会说：“妈妈知道你想要这些，但我们说好的，1次只挑1样哦。”

我先是共情，表示理解，但还是会坚持当初的规则约定。当然一开始实行不会很顺利，但多试几次，孩子就会明白他的权利是“1次只买1样”。

小北经常左右为难，两个都想要，最后还是恋恋不舍地放下其中一个，有时我就会把她放下的那个放到购物车并告诉她，这是妈妈给你买的，不算在你的1样物品内，她就会特别开心，额外的奖励一般，她也有了很强的满足感。

给孩子自己选择的权利，让他有购物的乐趣，也就学会了如何取舍和克制。

小学开始“购物有额度”

到了小学阶段，我开始对“1次只买1样”做了升级，“每次给出20元额度，花不完可以累计到下次用”。想买一件超过额度的东西，她就要忍耐一下，攒够了钱就可以买了。

这个做法给了她更多的自由，同时也让她明白商品的价值，在购物的实践中对数字的多少也有个概念。

第一次逛商场，她拿着20元，满心欢喜准备大买一场。她看中了一块表，开始询价，于是就有了下面的一番对话：

小北：“阿姨，这块表多少钱？”

营业员：“198元。”

小北惊讶地大呼：“卖得太贵了，20元钱可以卖给我吗？”

营业员笑道：“小姑娘真是机灵，还会讲价呢！”

我在一旁偷笑，随后告诉她，商场里的东西一分价钱一分货，你想买这块表，可以把钱累积起来。

女儿很失望，她高估了手中“20元钱”的价值，不舍地放弃了这只表。最后，她用20元钱满打满算地在文具店买了一支粉红色的圆珠笔，一对蝴蝶结头绳，还有一个精巧的紫色心形发卡，心满意足。

用孩子感兴趣的东西去替换钱的价值，孩子才能真正明白什么是钱。

给了孩子花钱的自由度，她才能学会如何使用钱，在这个过程中，她的消费习惯被不断挑战着，要买的东西真的很多，但额度有限，只能取舍。慢慢地她也学会了如何在有限的资源下合理分配钱。

小北最先学会了比价，也有了耐心累计几次额度，买一件自己特别喜欢的礼物。也会把钱省下来给同学买生日礼物，或是给爸爸妈妈一个小惊喜。当然也经常有冲动购物的时候，但一旦做出选择，就要自己承担后果了。这都是每次购物都有额度这个小规则带来的成果。

财商启蒙，不让孩子养成不劳而获的习惯

做理财师的闺密，对我给女儿关于“花钱”的教育很是赞赏。我才意识到，原来在不知不觉中，我已经开始对孩子进行了“财商”启蒙。

如何让孩子懂得父母赚钱的辛苦，不乱花钱，甚至还能储蓄和赚钱，不让孩子养成不劳而获的习惯，需要慢慢培养：

1.带孩子去父母工作的地方，让TA知道钱是怎么来的

孩子问我们钱是从哪里来的，我们通常会说工作赚的，但想要孩子有一个切实的体会，要解释清楚：妈妈每天在公司努力工作，每个月老板会给妈妈发工资（就是钱），这样我们才能买想要的东西。

想让孩子对工作赚钱有更深刻理解，可以带孩子到单位去瞧瞧，看看公司长什么样子，爸爸妈妈是怎样工作的，让孩子有一个感官认识。

2.体验赚钱的辛苦，养成存钱好习惯

女儿是个手工爱好者，尤其喜欢做手链。我从中看到了“商机”，其实更重要的是让她能体会赚钱的辛苦，于是我带着她开始“练摊”。

博物馆门前、家门口热闹的小夜市、学校举办的跳蚤市场上，都是小北手链的售卖点。开始小北很害羞，有人询问价格都是默默躲在角落，经过几次实战，可以大方与陌生人打交道，结束后也会自己收拾杂乱的小摊子。

在学校跳蚤市场售卖自己的手链时，得到了同学们的热捧，女儿的动力更足了。最后，小北把她赚的100多元钱，存在她的小黄人储物罐里。她告诉我，赚钱虽然辛苦，但也挺好玩的，这个钱要存下来。

3.用零用钱理财，合理规划零用钱

美国很流行的零用钱理财观是：消费+储蓄+投资＋慈善分享。我会建议小北把自己的零用钱做一个合理规划。

拿出300元压岁钱由她自己管理。每周我会给她20元零用钱，这个钱是她自由消费的额度，其中包括给同学或家里人买生日礼物。

记得一次，小北的一位同学得了白血病，学校组织捐款，我说妈妈决定给你100元捐款，可她觉得还不够，又从储蓄罐里拿出100元一起捐了出去。

其实不管怎样，对钱的健康心态比钱本身和财商培养的技巧更重要，节省但不吝啬，重要但不拜金。

我们总是对孩子说："不能浪费钱，不能买一些没有用的东西"，"不能看到什么买什么，肆无忌惮地花钱，这样是不对的"，等等。

无论怎么说教，都不如让孩子亲身体会，自己认识到

“钱”是什么，该怎么花，怎么珍惜。

小二班的讨论仍然在进行，我也完成了这篇稿子，对孩子的“财商”教育我知道还远远不够，但庆幸我已经在践行。

我拉过小北的手，问：“宝贝，你怎么只花10元钱呢？”小北答：“妈妈，世界上的东西是永远买不完的，我只选让我心动的那个。”

请把自主吃饭的权利还给孩子

这样的场景是不是很眼熟：宝宝东躲西藏，对着饭碗一个劲摇头，而奶奶则追在屁股后面一口口喂，各种威逼利诱，就是想让宝宝“哪怕多吃一口”。

一顿饭下来，餐桌搞得像战场，小家伙并没有吃多少不说，追喂的大人也甚是乏累！问为啥不让他自己吃？答曰：孩子还小，喂就能吃得多吃得快……

真的吗？

告诉你，总给宝宝喂饭居然有“三宗罪”（更别提追着喂了）！

1.不利于宝宝口腔肌肉、手部肌肉和精细动作发展

自主进餐的情况下，当宝宝自己抓着勺子把一勺饭放进嘴里时，需要上下嘴唇紧闭来将饭从勺子上抿下来。这个简单的动作由口腔肌肉、肩部肌肉和手指小肌肉群共同协作完成——而这些肌肉是否发达，在一定程度上影响了宝宝开口说话的早晚以及书写的能力。

被喂饭时，宝宝几乎不用动用这些肌肉，也就错过了锻炼它们的机会。

2.不利于培养良好的进食习惯

这个很好理解，安安稳稳从从容容坐下来吃饭，体会每一种食物独有的味道和饱腹感带给人的精神愉悦，甚至是我们很多成年人梦寐以求的。

最直接的就是，宝宝在进入幼儿园以后，比其他宝宝更容易挨饿——别指望老师一个一个给宝宝们喂饭，这有点儿强人所难。

3.不利于宝宝的人格发展

宝宝再小也是一个独立的个体。他有权利自己决定吃多少东西；同时他也应该通过吃饭来学会自律——吃饱为止、不浪费食物等准则都是他应该掌握的。

长期喂饭，一是会让宝宝往往在半强迫的状态下进食，二是让他养成依赖的习惯，很容易就把自理自立的小小萌芽给扼杀了！

前几天听一个邻居说，她3岁的女儿在幼儿园“熬”了两个月，最终还是适应不了自己吃饭，只得退园了。

是时候培养宝宝自主进餐的习惯了！

宝宝第一次有意识用手去够、去抓食物开始，就是他自主进餐的第一步哦，我们只要放任他、鼓励他，就能顺利培养“自理”的习惯。不过，即便宝宝已经被你从小喂到大，但只要有这样的意识，从现在开始也不晚呢。

那么问题来了，怎样才能让宝宝乖乖自己吃饭?

1.准备宝宝专用的餐椅、餐具和可口的饭菜

餐椅选择高度与你家餐桌高度差不多的，尽量保证用餐时宝宝的视线和大人的视线齐平;

餐具材质要抗摔，勺子叉子要方便宝宝小手抓握，宝宝的碗最好带有吸盘和防止食物被勺子推出来的内扣碗沿。

宝宝的饮食一岁内要无盐低糖，一岁后要低盐低糖。不用担心宝宝吃起来“没味儿”，他们的味蕾很敏感，任何食物都是美味。而过多的盐会加重宝宝肾脏的负担，过多的糖会增加龋齿和肥胖的风险。在宝宝饭菜的造型上多花些心思吧，可以买一些便当模具来帮你。

2.营造良好的用餐氛围

要让宝宝从小就知道餐桌是一个社交场所。一家人其乐融融地一起进餐、轻声交谈才是值得提倡的。这会给宝宝树立正面榜样。爸爸妈妈请暂时忘掉电视、手机与高谈阔论吧!

3.控制零食摄取量

我见过很多大人看到宝宝没吃多少正餐，就会拿出高盐高油高热量的零食给宝宝充饥，甚至直接拿饼干、薯片这些营养价值极低的零食给宝宝当正餐。

赶紧停止吧！这样只能让宝宝更不愿意好好吃饭!

想给宝宝“打牙祭”的话，可以在两餐中间给他吃些水果或者酸奶。

4.无论如何都要忍住想要喂饭的冲动

我知道你有小洁癖，你怕宝宝自己吃饭会脏乱差；我也知道你担心宝宝只顾玩餐具玩食物，而吃不饱；我知道你还有很多事情要做，想让宝宝快点吃完你好收拾……

但是你也要知道，在宝宝餐椅下面铺旧报纸、给宝宝穿上围兜会更加容易保持清洁；宝宝玩餐具玩食物是在探索，一顿两顿吃得少并不会饿坏他；比起培养宝宝良好的习惯，付出一点点时间不算什么，更何况宝宝会吃得越来越好。

最后，我想说的是，请一定一定温柔坚定地培养宝宝自主进餐，每个宝宝都有变成“吃货”的潜能，相信你的宝宝也可以！

宝宝在外面撒泼滚地，当妈的尴尬怎么破？

商场，一个两三岁的男孩鬼哭狼嚎地哭闹，妈妈气急败坏地拉扯着他：“买了那么多玩具了，这次不买。”孩子闻言更是高声尖叫，索性在地上打起滚来，围观的人多起来，妈妈恼羞成怒，对着他的小屁股，重重打了好几下，连拖带拽地抱着孩子，狼狈离开。

隔着人群，Ryan妈也感受到那位妈妈的尴尬简直要爆表了，要是有个地洞，估计她二话不说就钻进去了。宝宝一言不合就撒泼打滚的情况还真挺多的，但，你知道吗？这还真不只是孩子“无理取闹”那么简单，宝宝也委屈得很啊……

撒泼打滚背后的原因

1.成长特点

孩子的每个成长阶段都有其特性，比如1.5岁到2岁的宝宝，爱说“不不不”，有强烈的归属权，什么都是“宝宝来”，可是自己做不好又不愿人帮忙，动不动就崩溃大哭；2—4岁又进入秩序敏感期，非常执拗，什么都要按他说的来，稍不顺意就号啕大哭。

但这其实都是孩子能力正逐步进步的体现，只是因为语言表达和情绪表达还不完善，心里苦却说不出，不但不被家长理解，还经常被误解，导致强烈的挫败感，从而愤怒得“无理取闹”。

2.模仿身边人，比如父母，甚至动画

2岁左右的孩子，社交表现就是“模仿”，他会模仿父母处理情绪的方式，父母暴躁，他也容易耳濡目染；看到别的小朋友尖叫怒喊，他肯定也依葫芦画瓢地来一遍；常看的动画片里要是有暴力的镜头，他绝对也学得很快。

3.父母的管教方式过于宠溺或严苛

父母的管教方式若过于宠溺，会使孩子没有规则界限，导致任性暴躁；而过于严苛则会使孩子的合理需求得不到满足，孩子容易养成孤僻、抑郁等一些负面情绪。

所以说，宝宝撒泼打滚，还真不只是“单纯的无理取闹”的问题，这，绝对考验父母的科学育儿水平。

掌握这些，“宝宝撒泼”轻松破

1.允许孩子发泄情绪，温和等待，并选择孩子容易接受的方式疏导

父母应该了解并理解孩子成长中“阶段特性”撞上“有限的语言及情绪表达能力”的苦恼，对孩子在这一时期出现的种种看似不可理喻的行为，要试着了解孩子行为背后的原因。

如果孩子提出的是合理的或非原则性的需求，要接纳孩子的情绪并尽量满足他们；对于原则性的需求，就需要灵活变通，通过拥抱、讲道理、转移注意力、寻找替代目标等平息孩子的情绪，切忌蛮横“镇压”，多些耐心，慢慢地等着孩子摸索成长。

文章开头那位“因为没满足买玩具愿望而哭闹”的孩子，他的妈妈如果可以这样“三步走”或许效果会更好。

首先，妈妈必须先控制好自己的情绪，平静温和地允许孩子发泄情绪，切忌愤怒，否则孩子的愤怒会弹跳得更厉害；

其次，等孩子哭声变弱时尝试爱的拥抱，逐步缓解孩子的愤怒；

最后，加上温柔但坚定的疏导：“我知道你很喜欢那个玩具，但一个月只可以买一个玩具，所以不可以再买，这是爸爸妈妈和你一起制定的规则，我们要一起遵守，我知道你很难过，但不可以违反规则，你可以哭一会儿，妈妈会陪着你，等你哭好了，随时来找妈妈。”

当然，陪在一个撒泼孩子的身边真的很尴尬。但，比起只解决当下的哭闹，疏导并让孩子理解情绪，才应是父母重点解决的问题，这影响到孩子以后的情绪管理能力。

2.引导孩子学会正确面对情绪，并用对的方式管理

所以，容易“无理取闹”的孩子更需要父母在日常花更多的耐心和时间慢慢引导，帮助孩子认识并面对情绪，包括负面情绪，并用对的方式来管理。

首先，家长自身的情绪管理对孩子有最明显的潜移默化作用。

大家都说情绪好的妈妈是家庭幸福的基石，导致很多妈妈不敢在孩子面前泄露自己的情绪，其实，这并不对。人生漫长，开心快乐悲伤难过都是很自然的情绪，妈妈失落难过的时候，比起刻意隐藏，寻找合适的沟通途径对孩子来说意义更大。

妈妈心情不好时，当然不可以大喊大叫，暴躁愤怒，但可以这样和孩子说：“妈妈现在心情很低落，有点难过，做什么事都打不起精神，宝宝可以抱抱我么？给妈妈鼓励。嗯，宝宝一抱我，妈妈觉得好多啦。”

这样既让孩子明白偶尔有负面情绪是很正常的，又可以教会孩子寻找疏导情绪的办法！

另外，借助绘本、玩具等情绪管理类的早教用品，教导孩子正确认识并管理情绪也是非常棒的办法。

玩具大多有特定背景、人设和情绪设置，形象直观地向孩子展示“情绪世界”，也非常适合孩子的“模仿特性”。当然选择时要特别注意“情绪没有好坏、面对情绪、正确管理情绪”几个要点！

对待撒泼打滚的孩子，家长的“温柔坚定”很重要！

妈妈，
我不是在耍流氓！

因为我家儿子和楼上邻居家的女儿，相差仅有四个月，所以两个孩子常在一起玩。有一天，到了午饭时间，儿子不愿意回来，我就下楼做饭，让他独自在楼上和小妹妹一起玩。

不一会儿，门铃响了，邻居脸上气呼呼的，手里拉着我的儿子，看到我，儿子就扑进了我的怀里，说想我了。

“你好好管管你儿子。”因为平时都比较熟，所以大家说话也都比较直接，对于她这种口气，我还笑着问：“怎么啦？他欺负你丫头了？”

“他刚刚要尿尿，我就抱他去卫生间，尿完了就跑出来了，也不愿意提裤子，一个劲让我丫头摸他的小弟弟。这么小就一个小色狼。”邻居一边说，一边笑着刮儿子的羞羞。

“好啦，别生气了，给你道歉，保证以后这种情况不会再犯了。”我安慰着邻居，但是，心里却有一点儿不高兴，儿子被标上了一个“小色狼”的标签，让我耿耿于怀。

可这也怨不了邻居，最近我也发现了，儿子一有机会，就摆弄自己的“小弟弟”，趁着脱裤子尿尿的时候，摸一把“小弟弟”，上床睡觉脱棉裤的时候，隔着秋裤他也会摸。

我打电话给妈妈，咨询这个情况。因为我没有带男孩的经验，而妈妈有两次经验，第一次是我弟，第二次是我小侄儿。

“打啊，不打怎么行！”我妈在电话里，厉声地对我说。

我赶紧岔到了别的话题，随便聊了几句，就挂了电话，对弟弟和小侄儿这爷俩，在心里报以深深的同情。

我想起有一年暑假，带丫头回娘家。那时，小侄儿也就三岁左右，说话比较早的他，和大人沟通基本上没有问题。

他坐在板凳上看动画片，我走过去想抱他，他拒绝了，却主动走到我的面前，让我摸他的“小弟弟”，我说这样做不对的。

后来，他还跟奶奶说，姑姑不喜欢他。我想他所谓的不喜欢，就是因为我不摸他的“小弟弟”，在他看来，自己很喜欢的一件事，我却不乐意做，当然不是跟他一伙的。

看来“小色狼”不止我儿子一个，我赶紧去宝妈群里问大家，结果有男宝的妈妈们，都说了自己孩子的相似经历，特别喜欢摸“小弟弟”，关于解决的办法，有“保守”的，有“暴力”的。

这里我就想和大家分享一下，我是如何解决的，希望对大家有帮助。

一、孩子摸“小弟弟”是正常的行为

孩子在成长过程中，每一个习惯的形成，都有心理和生理的原因。在孩子的心里，他们摸自己的“小弟弟”，就像摸鼻子和耳朵一样正常，这是一种探索过程。

著名心理学家弗洛伊德提出的“性心理发展论”，在每一个时期，孩子的“欲望”是不一样的。

3—5岁，就是他们的性器期，对生殖器感兴趣，尤其喜欢皮肤的摩擦。

因为抚摸会带来舒服感，所以他们愿意让自己的亲人和最好的朋友，来一起参与这个动作当中。

孩子的这个行为，根本不是什么要流氓，也不能给孩子扣上“小色狼”的帽子。一般随着年纪，这种行为会自然消失。

二、家长的心态很重要

有很多家长，就比如我的邻居，看见孩子有摸“小弟弟”的行为，就大惊小怪，给孩子贴上负面标签，甚至认为这样就是一个坏孩子。

这种想法绝对要不得，既然这种行为是正常的一种成长生理变化，那么家长就应该淡定一些，不要愤怒，不要用过激的行为去制止孩子，会让孩子产生恐惧心理，对他们的性格形成，也会有很大的反作用。

当身边有人以嘲笑的方式对待你的孩子，你应该第一个站出来，阻止他们的这种行为，以免这种嘲笑引发孩子的罪恶感和厌恶感。

说到这一点，我想跟大家分享一个真实的事。

在小学四年级的时候，我们班转来了一个男生。他给人的感觉就是特别不爱说话，喜欢眯着眼，看上去像在笑。

有一次，数学老师在课堂上提问，他答错了，眯着眼看着老师。老师很生气，让他站到讲台上，说他答不对题目，还有脸笑。

其实，他没有笑，只是眯着眼，就像是在笑。在讲台上，他的一个动作，彻底激怒了数学老师，也就是隔着裤子摸自己的生殖器。“流氓，不要脸！”老师一边骂，一边把他往外面推。

因为我爸是我们班主任，所以后来他爸爸找到我们家，希望可以让他继续在班里读书。说他从小就喜欢这么一个动作，为此，没少打他，甚至把他关黑屋子，却都无济于事，只要一紧张和害怕，就会不由自主地这样。

后来，他没有再来上学。

这件事还没有结束。我结婚那一年，在老家摆酒席，来了几个小学同学。大家聊天就说起了他，十几岁就疯了，整天坐在巷口傻乐。

为人父母后，我看了很多科学育儿的书，就是希望，自己不会把上帝赐予我的天使，变成一个伤心的小恶魔。

不论在什么时候，家长的心态都能决定孩子成长的方向。如果我那同学，他的爸爸没有选择这么过激的行为，也许他不会这样的。可是，一切都晚了。

三、解决办法

虽说这是一种正常的行为，可很多时候，还是不雅观，那么，家长可以帮助孩子，改掉这个习惯。

对于儿子这个行为，我选择的是转移注意力。

比如，儿子洗澡的时候，就特别喜欢摸“小弟弟”，有时，还希望我和他分享。我呢，就会拿出小水枪，打他的后背和胸口，转移他的注意力。用这种游戏的方式，让他改了洗澡摸“小弟弟”这个习惯。

孩子的注意力是特别容易被转移的，所以这一个方法，家长们可以尝试一下。

现在有些老人带孩子，为了方便孩子小便，总觉得开裆裤是最好的选择。其实，这也为小男孩们摸“小弟弟”提供了方便，而且，开裆裤增加了“小弟弟”的感染风险，所以要给孩子穿整裆裤。

养育男孩子的家庭，一定要注意保护好孩子的隐私，不要认为是男孩，随地怎么样都没有关系，不像养育小女孩那么注意。

有一次带儿子在小区里玩，一个小朋友着急小便，奶奶就脱了裤子，让他在花园里尿。结果，引来了一帮爷爷奶奶们开玩笑，指着他的“小弟弟”问：“你这是什么啊？”

小男孩很自然地回答：“小鸡鸡。”

“来，给我摸一下。”

小男孩就走过去，准备让一个老爷爷摸一下，可老爷爷只笑了，并没有摸。

这一个玩笑，在大人看起来没有什么，却在孩子心里烙了印痕，那就是对自己“小弟弟”的关注，他会认为“小弟弟”是可以被摸的。

唯一阻止别人对你的孩子开这种玩笑的方法，就是保护好孩子的隐私，不要让人有机会开玩笑，去关注他的“小弟弟”。

孩子成长的每一步，每一个行为都有他的前因后果，家长们一定要搞清楚状况，不要让孩子为你们的“无知”去买单。

如何给孩子读绘本？
我的6条亲子共读建议

这几天张小又所在的幼儿园组织图书漂流活动，让每个孩子带两本绘本到学校。张小又自己选了《哇~哇~哇~》和《我不，我不》，我们给他包好，打算第二天让他带到学校。

到了晚上九点，老师再一次在家长群强调不要忘了带绘本，陆续有家长往群里发图书的照片，问老师可不可以，出乎我意料的是，很多家长发的根本不是绘本，而是贴纸书、简笔画书或者带拼音的故事书，甚至有低龄宝宝认物的“水果”“动物”一类的卡片书。

我感觉非常不可思议，这些家长竟然不知道什么是绘本？老师于是耐着性子解释：绘本是那种图大字少的书。结果又有家长问：我们家没有绘本，请问去哪里买？

坦白地讲，如果不是学校组织这样的活动，我不会知道有些家长对“绘本”的知识竟如此匮乏，如果一个宝宝四岁了，家长还不知道绘本为何物，我真有点儿同情那个小孩儿。

绘本，顾名思义就是“画出来的书”，它以绘画为主，并附有少量的文字。绘本不仅讲故事、学知识，还可以帮助孩子建构精神世界，是国际公认的“最适合幼儿阅读的图书”。

张小又出生没多久，我们就在网上给他买了好多绘本，大多是经典之作：《好饿的毛毛虫》《逃家小兔》《石头汤》《我的爸爸叫焦尼》等。

他六七个月大时，我就把他抱在膝盖上讲绘本，而他真正听懂，是在一岁的时候。

那次我带他回河北老家，担心在老家无聊，就给他带了两本书，其中有一本叫《贪吃的小河马》，这本书讲的是一只贪吃又自私的小河马，独自去野餐的经历。书的第一页是：“清晨，小河马起床了，他抬头看看窗外，多么美好的一天啊。”

我现在都记得，张小又听到“窗外”突然就指了指窗户，随着故事的进展，每一页他理解的那些词，无论是动词还是名词，他都会有所示意，有一页讲到小河马被蜜蜂蜇了一下，他便伸了伸手指，因为那几天，他那只手指也被蜜蜂蜇过。

这简直让我惊喜莫名，那是他第一次安静地听我讲完一本绘本，之前他要么心不在焉，要么听到一半就跑掉了。

此后，便开始了我和张小又亲子共读时光，有一阵子他对绘本简直痴迷，总是抱着一大堆书让我给他讲，不讲完不罢休。现在他四岁多，和我一起读书依然是他最喜欢的事情之一。

作为一个有三年多亲子共读经验的妈妈，我总结出了一些共读的经验，现在就分享给大家。

1.不要仅仅是读

虽说绘本提倡“亲子共读”，但我觉得，仅仅是给孩子“读”是不够的。最好是带有一定表演性质的讲述，比方，故事中人物的对话，不妨用不同的音调来读，以《不一样的卡梅拉》为例，不同的人物完全可以用不同的音调来读。

卡门是妹妹，读到卡门说的话时，声音不妨尖细一些；贝里奥有点憨厚，读的时候不妨声音低沉些；鸬鹚佩罗年纪大了，声音可以沧桑一些；小胖墩是个有点淘气又霸道的小伙子，轮到他说话，不妨张狂一点儿。

这样给孩子读书，不但绘声绘色，还有助于孩子理解绘本中的人物性格。

2.利用绘本识物

因为绘本以图画为主，这也是识物的一种好方式。张小又很多事物都是通过绘本认识的。

《鸭子说不可以》这本书里，因为鸭子等小动物生活在池塘里，池塘边有很多水生植物，其中一种长得很像香肠，因为我并不认识这种植物，便给它取名“香肠草”，开始我对这种植物存在的真实性表示怀疑，总感觉是画家在发挥自己的想象力，为讨好小朋友画的，毕竟小朋友们都很爱吃香肠。

夏天的时候带张小又去看荷花，蓦地看到了那种被我们称为“香肠草”的植物，我和张小又简直兴奋莫名，后来查出这种植物叫蒲草，香肠一样的东东是它开的花。张小又在绘本上认识了不少事物，可能因为我自己本身也不认识蒲草，所以印象才格外深刻吧。

3.孩子喜欢重复读一本书

很多家长会发现，给孩子准备了很多绘本，但是某段时间内，他最喜欢的就那么一两本，会反复让你讲。

我记得有一阵子张小又迷恋《无法入睡的小公主》，最着迷的时候，一天内能让我给他讲七八次。

遇到这种情况，家长千万不要觉得无聊，事实上，重复读的过程，也是加深认识的过程，也可能这本书当时正好契合了宝宝的心灵需求，只要宝宝不烦，讲哪本不是讲呢?

4.鼓励孩子给你讲

两三岁的小朋友其实已经有了一定的表达力。有些读过很多遍的绘本，不妨鼓励他给你讲，也许宝宝并不能完整地讲述一个故事，但是家长可以以提问的方式，引导他逐渐把整个句子说完整，慢慢地这些句子组织起来，就是一个简短的小故事。这是锻炼孩子表达能力的一个好方法。

5.孩子的理解力，超出你的想象

张小又两岁左右的时候，我开始给他讲《不一样的卡梅拉》（其实是他自己随意挑的），我一直觉得这本书情节很复杂，文字又多，他可能会觉得枯燥，出乎意料的是，他每次都看得津津有味，尤其是《我想有颗星星》和《我要找到朗朗》这两本，更是重复读了无数次。

所以，有时不要担心宝宝听不懂，只要他喜欢，就一起enjoy it吧！

6.绘本的购买

最后想特别强调几句关于绘本的购买问题。相比于故事书，绘本价格要昂贵，尤其是精装绘本，动辄四五十块一本，因此建议家长买绘本的时候，尽量选些经典的，去搜经典绘本排行或者去图书网站看评论排行，一般都能得到一个靠谱的名单。

此外需要注意的是，很多绘本都是有一定的年龄限制，会标注1-3岁或者3—6岁，这是一个很好的参考。

如果不小心买了难读一点儿的绘本，大不了放上半年一年再读，如果买了内容相对低龄的绘本，孩子可能没什么兴趣，这其实是一种浪费。

作为一个职场妈妈，我深深理解很多妈妈白天上班晚上带孩子的辛苦，因此我还有一个小建议，那就是多鼓励爸爸和孩子一起亲子共读。

孩子在和爸爸一起共读的过程中，会建立更亲密的亲子关系，为了让爸爸读得更嗨，可以选购和爸爸有关的书，比如我就买过《我的爸爸叫焦尼》《不一样的熊爸爸》《我爸爸》等绘本。

当爸爸和孩子共读时，妈妈就可以适当解放啦，做做家务或者做些自己喜欢的事，每次听到娃他爸给娃讲书，我都感觉心情美得不要不要的，你也试一下吧。

第三章

爱·自由：不必完美，快乐就好

别再以爱之名，剥夺孩子担当的机会

1

前几天看到一则新闻：浙江丽水一个14岁的孩子，两个多月花了三万多元来打赏网络游戏主播，而这三万元是他贫穷的父母三班倒、住地下室省吃俭用存下来的。父母虽忙，却还是把他照料得很好。事发之后，父亲对孩子的态度是：舍不得打，都是那些网络主播诱惑我不懂事的娃。

看完新闻很心疼，也心痛。

心疼本已生活艰辛的夫妻俩，还碰上这样的遭遇，心中绝望不难想象；也心痛他们空有一颗望子成龙之心，却不懂教育孩子之术，只怕以后的教育之路也不好走。

明明是他们的教育和孩子的成长偏离了方向，却将责任推到商家和主播的身上。在他们心中，自己的孩子不会主动犯错，那些诱使孩子犯错的人，才是罪魁祸首，是害孩子堕落的元凶。

孩子自己，却不用担负任何责任。

2

前些年流传很久的一件事，一个死刑犯在执行死刑之前，要求见妈妈最后一面。见到之后，他说在人生的最后，想吃一口妈妈的奶，可在妈妈答应之后，却一口咬下了妈妈的乳头。因为他觉得，是妈妈害他走上了不归路，所以临终这样报复。

小时候被石头绊倒了，妈妈怪石头碍事，踢石头；上学了和同学抢橡皮，妈妈怪同学小气，不和同学玩；毕业后面试不上，怪企业不识人，走后门把他安排进了国企；谈对象都处不长，妈妈说女孩们配不上他，错过他是那些女孩的损失。

后来他郁郁不得志，迷上赌博，之后一路欠钱。妈妈一路骂别人黑心，一路帮他还债。到妈妈再也拿不出一分钱的时候，他只好去偷窃和抢劫，在一次抢劫中，失手杀人。

行至绝路，他才明白自己一直都是个没长大的孩子。他说，是妈妈以爱和保护的名义一次次夺走了他成长的机会，让他从来没有担当起自己人生的勇气。

没有担当自己人生的能力，只好任其崩塌，然后最后一次将责任推给为他推掉一切责任的人。

以爱为名，以保护为幌子，事事都将责任推给别人，恰恰是剥夺了孩子承担的机会。

3

我家先生就是在这样的教育环境里长大的。

公公婆婆认为自己家人什么都好，与人交往出现问题，唯一的解决办法就是“下次不与他共处”。出现什么问题，都先把自己家人撇得干干净净，然后在别人身上找过错。时间久了，不管是公婆自己，还是我先生，都没什么朋友。

现在先生遇到问题，总是条件反射似的去逃避责任，说话也喜欢闪烁其词，经常不敢做出100%肯定或者否定的回答，哪怕去哪个超市这种小事。

让他在楼下买菜，他忘了买，却摸摸鼻子和我说：“我以为你已经买了。”

他晚上睡太晚早上起不来开会迟到，睁开眼睛第一句话就是“你怎么不叫我啊！”，事实上我根本不知道他有事要早起。

我们看好的房子没买，后来那里房价疯涨，从事地产行业近水楼台的他特别横地说，“家里投资的事又不归我管”。

……

总之，不管大事小事，只要是坏事，他就会第一时间把责任推到我的头上，把自己摘个干净。常常是事情本身没什么，可他推卸责任的态度却会把我惹毛，引来一场家庭战争。

推卸责任，对于他来说已经成为一种本能。他知道自己的问题在哪里，也刻意看过许多心理学方面的书籍，努力地在改，但落实到行动上，非常艰难痛苦。

4

其实相似的情况，我们每天都在目睹：

孩子摔倒了，家长使劲跺地：“该死的地板，把我们孩子绊倒了！踩死你踩死你！”

下次摔倒，孩子也学会了怪该死的地板。

孩子想玩别人的玩具被拒绝了，心酸地安慰：“回家爸爸妈妈给你也买，买个更大的更好的！”

下次玩不到，孩子也知道用一句“我爸爸妈妈会给我买更好的，比你这个大得多好得多”来赚回脸面。

孩子和小朋友打架了，抱起来往家走：“没事，咱以后不和他玩！”

下次起了冲突，孩子也学会了叉着腰：“我再也不要和你做朋友了！”

……

这样的例子不胜枚举。

当孩子的境遇不顺时，父母一定要在外界找到原因；与同龄人起冲突时，家长就把问题归咎到别人的身上，以一种傲娇的姿态，给孩子赢回阿Q般的精神满足。

把问题都推给别人，无疑是在逃避事实。

所有的没担当，都是从逃避开始的。

5

表面上来看，这些只是溺爱。但其实质，是将孩子该承担的责任蛮横地推出去，剥夺了孩子在冲突中成长的机会，也剥夺了孩子担当的意识和勇气。

将责任推给别人，是在将自己与别人对立起来。表面上，是你傲娇地说出“我不和你做朋友了”，可事实上，更加不想做朋友的，是那个被你抹黑帮你背锅的人。

因为家长的野蛮庇护，孩子失去担当的能力，渐渐无法融入自己的小世界，结果只会习惯逃避，日趋懦弱。

我见过有个妈妈，孩子被绊倒后，温柔地蹲下来，装作自己是那块石头，呜呜地哭着说自己被孩子的鞋子踢疼了。孩子马上破涕为笑，跟石头说：“对不起，是我不小心，踢疼了你。”

当孩子为自己被石头绊疼而难过时，教会他换位思考，不仅能让孩子懂得承担自己该负的责任，还能快速从“被伤害”的情绪中解脱出来。

逃避，会让孩子越长大越懦弱。

承担，心理才能成长。

孩子，你的狗狗不值钱，但独一无二

1

小孩子都喜欢小动物，儿子也不例外，五岁的时候，他终于如愿以偿。

狗狗能来到家里，是靠儿子坚持不懈的努力换来的。虽说买它的时候还不如一个玩具价格高，但是因为繁忙的工作，住的楼层又高，从未考虑要买个狗狗。儿子的眼泪让我于心不忍，再加上小狗那可怜巴巴的眼神，心一软，就让他把这个小虎皮狗抱回了家。

在路上，儿子就让我给狗狗取个好听的名字。

“旺财”，太俗，看它那弱不禁风的样子，跟这名字，不搭调。“小黑”，太土。“四眼”，这个名字也不雅……我想了一长串的名字，都被儿子一一否决，干脆，就叫它

“小狗”或者“狗狗”好了，这名字，听着亲切。

刚来的几个月，小狗在儿子面前很是得宠。每天一瓶新鲜的酸奶儿子自己不舍得喝，全喂小狗。还经常要求把他的零花钱省下来给小狗买些稀奇古怪的东西，冬天，怕小狗冷，给它买了鞋、小衣服，还给小狗买了铃铛，啃着玩的骨头。

不过，后来小狗慢慢长大，虎皮花纹没有了，毛的颜色也由黑色变成了黄色。四眼也变成了两个眼，原来与众不同的地方全都没有了踪影，长成了一条普通的小狗，说是中华田园犬，毛太长，说是狮子狗，个子又太高。

走在路上，很多人问小狗什么品种，儿子答不上来，我也只能告诉他，这是“串串”，不属于任何品种。

2

有一次，儿子牵着小狗碰到一个也牵着小狗的同班同学，那个小朋友告诉他，他们家的小狗买的时候三千多，很值钱，并问儿子的小狗买的时候多少钱，儿子回答：“三十元！”那个小朋友又说：“我家的一条小狗能买你家的一百个小狗！”说完，牵着那条很值钱的狗狗走了。

从那以后，儿子在外面见到小狗就问是什么品种，值多少钱？并说也想要买一个好品种的狗，现在养的这个“不值钱”。尽管我说养小狗不仅是一种乐趣，更是一种责任，6岁的儿子听了也不为所动。

一次，我和儿子带着小狗从狗市路过，看到路边各种品种的小狗，儿子都要让我去问一问价格。走到一个摊位前，儿子把一条小拉布拉多抱在怀里，不忍放下，那个卖狗的人说：“小朋友，喜欢就让妈妈给你买了。”我回答：“有小狗了，不能再要。”

“看你们这个狗，都丑成啥样了，既然养一次，就养个好品种的狗，这还是个小母狗，到时候再生几个小狗还能带来经济效益。”听着这一番歪理，我懒得分辩。自己家的那个小狗，在电动车笼子里，每看它一眼，便摇下尾巴，算作回应。它可想不到小主人想着把它换掉。

儿子把那条拉布拉多抱在怀里，死活不放下。我问他现在的小狗怎么办，儿子说送回老家，让爷爷或者姥爷养。他就是要养一个好品种的狗狗，还说现在的狗狗是“屌丝”，他要养个“土豪”。好品种的狗狗就是“土豪”。这个品种经常听说，名气大，就要这个。

不管我说了多少道理，养狗跟品种无关，小狗也用无辜的眼神望着儿子，小家伙仍是不为所动，我只得把他怀里的小狗抢了过来放回去，任他又哭又闹。

自此，可怜的小狗在儿子面前彻底失了宠。

狗狗还是像以前那样和儿子嬉闹，不过，它又多了一样待遇：被扇脸。

3

一次我和儿子带着小狗去郊外的公园玩，儿子在一旁捡小石子往小水坑里扔着玩，我在距他十几米远的地方看杂志。

一会儿，一条又高又壮类似于藏獒的大狗从一边的草丛中钻了出来，调皮的儿子把一把小石子冲着那条大狗扔了过去，我想制止已经来不及，那条大狗冲着儿子跑了过去。

儿子朝着我的方向跑了过来，大狗眼看着要追上儿子了，正在儿子身边的狗狗迎了上去，我拉住儿子让他躲在了身后，想找根棍子把它赶跑，却没有任何可以驱赶它的工具。

狗狗站在大狗身边，矮了一大截，明显地处于下风，可它没有丝毫退却的意思，两只狗对峙着，露着牙，嘴里呜呜叫着，马上就要开战了。我大声喊着，“谁家的狗，谁家的狗”，一个小男孩跑过来，连声说着对不起，带着那条大狗走开了。

儿子紧紧地抱着小狗，拍着它的头，一遍一遍地抚摸着它身上长长的毛，表达自己的谢意。

“品种再好的狗跟自己没感情，还不是会咬你，咱们家的小狗不值钱，可是能陪着你玩，保护你！”

儿子认了错，从此，再也不提换只小狗养了。

4

我父亲前段时间从老家过来了，还未进门，儿子就像往常一样，赶快把小狗抱在怀里，唯恐小狗会让父亲厌烦。谁料，小狗不但没像以往那样见到生人就狂吠，还摇了摇尾巴，对着父亲，如哈巴狗般的一副献媚样子。

“这小狗真精”，父亲不由得夸奖道。儿子赶忙说：“那当然了，我训练的。”儿子一脸自豪。小狗只见过父亲一次，是在两年前，小狗那时两个月，相处了三四天，那么小的狗狗就有了记忆。

每次放学后，我去幼儿园接儿子的时候，他总会让我带上小狗，大部分小朋友都跟着家长回去了。而他却被几个孩子团团围住，仿佛明星一般，其他几个小孩叫着儿子的名字，央求他先让自己跟小狗玩会儿。

内向的儿子在那时才是开心的，快乐的，自从有了狗狗，他的性格改变了许多，原来喜欢自己玩，他也因为有了小狗，和同学们有了沟通的桥梁，他和同学们在广场上欢呼雀跃，小狗跟随着他们在身边跑来跑去，又蹦又跳，玩得不亦乐乎。

5

一次，和儿子闲聊说起了幸福这个词语。我问他："你感觉幸福吗？"

儿子回答："幸福。"

"因为什么呢？"

"因为有小狗。"儿子的回答出人意料，却又充满着童真。

有了小狗，作为独生子的他不再孤单，也因为有了小狗，他学会了去照顾别人，懂得了一些书本上学不到的道理。

儿子最喜欢溜冰时带着小狗。小狗在前面奔跑带路，他在后面风驰电掣，看着同伴们只是孤单地溜着冰，而他有着小狗的陪伴，自是感觉与众不同。

"有个小狗，可以时时刻刻感受当小主人的乐趣，爽呆呆！"这可是儿子的原话哦！

有个狗狗陪伴的孩子，有着最快乐的童年！

我为什么要培养一个和自己“对着干”的孩子？

1

周一的早晨是比较郁闷的。

儿子穿个小裤衩横在大床上嘛嘴示威：哼！今天我不要上幼儿园。我立在床头，面带微笑，内心却万马奔腾：哼！老娘今天还不想上班呢。

“妈妈，你让我再休一天假好不好？”

“不好。”

“如果你不让我休假的话，我就不穿裤子去幼儿园。哼！”

“那你就光着去好了。像大卫那样，让你的同学们都来看看你的光屁屁。”我一边叠被子一边回答他，语气很闲适。跟老娘斗，你还嫩了点儿。

十秒钟的沉默后，儿子调整了他的谈判策略。

“妈妈，如果你让我再休一天假的话，我今天就不去游乐园玩蹦床了，动画片只看两集，晚上也自己乖乖睡小床。”他说完，偷偷地瞄了我一眼。

哎呀，这不全是我希望看到的嘛！

对自己的目标锲而不舍，懂得抓住对手的核心诉求，硬碰不成立马巧取，如果是在谈判席上，他赢了。

我和老公对望一眼，心中竟有些窃喜。

2

但是，这样的局面不能让儿子的外公外婆看见。因为，在他们看来，敢和父母顶嘴，敢讨价还价，简直就是大逆不道。

是呢。我就是在这样的一个环境里长大的。父母拥有绝对的权威，说一不二。听话，是父母对孩子最大的褒奖。

站在他们的角度也是可以理解的。家里孩子多，永远都有干不完的活。忙和累，造成了他们没有那么多的耐心和精力去探究孩子们的小脑袋里究竟在想些啥。因此，秩序就变得很重要。他们需要制定规则，而孩子们只须负责执行即可。敢挑战权威和秩序的，拉出去胖揍一顿就好了。于是，我们都成了守规矩的乖巧孩子。

即便有些小性子，也只会在信赖的人面前偶尔发发，即便发出来，也是含蓄得紧。经常，悄无声息地就被湮没在人海里了——我不希望我的孩子变成这样。

我希望他做任何决定时都能清楚地明白自己想要的是什么，而不是听见风就是雨；当自己的想法与权威产生碰撞时，我希望他能够大胆地说出心中所想，而不是让它在心中蠢蠢欲动直至憋死。

3

不过，这个事情执行起来可没那么顺利。

为了锻炼他的主见，去超市购物，我往往会让他在琳琅满目的零食架面前挑选一样自己最想买的，只能挑选一样哦。

看着他拿起这个放下那个，眉头紧皱左右摇摆的样子，我的心里暗爽。不过，儿子的心情却是复杂的。不能一口气得到所有想要的，有些沮丧。但比起我买一大堆零食任他挑选，这种“通过精心挑选并忍痛放弃其他”而得来的东西似乎更有“获得感”。

当然，他时常会有看走眼的时候，比如，买了包装漂亮但却不是自己喜欢口味的冰激凌，想要重新挑选却遭到拒绝时，他会很沮丧，但下一次，他会避开那些华丽的包装，并在下手前反复跟老板确认是不是他想要的口味。

是的，他在做决心时更慎重了。更让我意外的是，他居然学会了“反击”。

比如，当我捧着手机刷个不停时，他会让我做选择：妈妈，你要么陪我画画，要么陪我看动画片，你必须选一个！只能选一个！

比如，为了锻炼他独立自主，我要求他“自己的事情自己做”，当我下班回家累得直接在沙发上葛优瘫想让他帮我拿拖鞋时，他也会学着我的样子说：不行，自己的事情自己做。

……

好吧，自己刨的坑，忍着痛也得往里跳。

4

和别的妈妈交流这种育儿理念时，她们有的会说，有个听话的孩子多好，你简直就是在给自己找麻烦。

不要把孩子的“讨价还价”当成洪水猛兽，只要把握以下这些原则，既不会被熊孩子耍得团团转让局面失控，还能充分地培养孩子的自主意识和独立思考能力。

（1）首先得明确底线，让孩子知道哪些事情可以讲条件，哪些不行

在我们家，儿子非常清楚这些事情我们是绝对不会跟他妥协的，比如按时睡觉，吃饭的时候不许看动画片，有好吃的必须全家人一起分享，不能吃独食等。而有些事，比如先收玩具再看动画片，还是看完动画片再收玩具，这类“小事”，他拥有绝对的自由选择权。

小孩子精明得很。跟你过几次招，就会很明确地知道，哪些事情是爸爸妈妈做主，哪些事情可以自己做主。这样，大方向由你把控，孩子也能偶尔尝点“甜头”，可谓双赢。

（2）规矩定了，就不要随意更改

朋友A快要被她家的闺女给烦死了，因为，无论她提出什么样的要求，小丫头至少要花半小时来跟她讲条件。

据我观察，A也不是不给闺女立规矩，但他们家的规矩特别“灵活”。她说必须坚持每天上幼儿园，可只要遇上刮风下雨天，她就会心一软，答应孩子在家玩。她说闺女有虫牙不能吃巧克力，可如果遇上心情好，她甚至主动提出来要给孩子买巧克力……

孩子是这个世界上最擅长察言观色的生物。一旦他意识到你是一座可以随时攻破的“碉堡”，他就会想尽办法去冲锋，并且以此为乐。你率先缴械，就不要怪“敌人”炮火太猛。

（3）建立“攻守同盟”，切不可内讧

为了纠正孩子爱吃零食的坏毛病，S想出了很多办法，也给孩子立了很多规矩。但她最近发现，任何她不允许儿子吃的东西，婆婆都会偷偷买给他吃，完了还要来一句“千万别告诉你妈”。

我跟她说，如果你们家继续这样两套领导班子，队伍永远都别想带好。

小孩子猴精猴精的，不用别人教他们也知道从哪儿打开缺口。在给孩子立规矩这件事情上，如果标准太多，或者标准不一致，那不如不立。

（4）比“交换条件”更重要的，是你对孩子的认可和鼓励

临睡前，老公教儿子背《静夜思》，并承诺他，背会了就带他去游乐园玩。我当即阻止他，朗诵唐诗是一个非常好的亲子互动，也是一个很好的学习方式，为什么要用“去游乐园”这么俗气的手段来作为交换呢？

很多家长以为，如果能承诺给孩子一些“好处”，他们做起事情来会更积极。其实，这是一个误解。若是经常主动跟孩子“交换条件”，会让孩子以为，按照父母的要求来做事，理应得到“报酬”。

长此以往，原本孩子很喜欢做的事情，一旦你的好处没给到位，他反倒没了做事的积极性了。另外，比起物质奖励，精神上的鼓励和认可更能激发孩子做事情的主观能动性。

我就是要“惯”孩子啊！

1

在超市门口看到有意思的一幕，一个爸爸在和一个四岁的小朋友谈判，小朋友希望坐坐摇摇车，再买个奇趣蛋。

爸爸只同意满足他一个要求，要么坐摇摇车，要么买奇趣蛋。孩子则表示两个都想要。爸爸很坚决地表示：“不行，只能二选一。”

看到这对父子在超市门口争得僵持不下，我非常不解，为什么孩子不能坐摇摇车的同时，再买个奇趣蛋呢？毕竟，这两样加起来，在我们这个小城市才11块钱。

可爸爸说，这不是钱的事儿，而是原则问题。这位爸爸是这样解释的：“不能什么都由着孩子，否则他就会形成所有要求都可以得到满足的印象，会惯坏的。”

两样都满足，就会惯坏孩子，只满足一样，就惯不坏了？理论依据是什么呢？

我不是第一次遇到这种家长了，他们认为总是满足孩子的要求或者说欲望，会惯坏孩子，哪怕是合理的要求与欲望，也总是给孩子设置重重障碍。

2

有一次，我和小区里几个妈妈带着小朋友在小广场玩，这时走过来一个奶奶，奶奶刚吃完酒席，她手里拿了一盒喜糖，见小朋友们在玩耍，她就把糖拿出来分给小朋友。

尽管我不喜欢不经我同意给张小又吃东西，但是，考虑到这个奶奶是好意，而且小朋友已经接到手里，我就没反对。

一个妈妈则制止了孩子接糖："不行，你不能吃糖，你的牙会吃坏的！"

三四岁的小朋友，对于糖简直抱有执念，才不管牙会不会坏，继续伸手向奶奶索要，妈妈生气地将孩子拖到一旁，那个奶奶于是别扭地走开了，一时之间气氛非常尴尬。

孩子继续哭闹，就是要吃糖，妈妈却非常坚持原则："你的牙会坏掉的，不许吃就是不许吃，没得商量！"

我拉着小朋友走开了，因为有点儿看不下去。

为了保护孩子的牙齿，少吃糖是对的，但完全不给孩子吃糖，是不是过犹不及了呢？

而且在那种场合下，其他小朋友都得到了糖，别的妈妈都让吃了（且不考虑甘愿与否），就自己的妈妈不让吃，这个小朋友会怎么想呢？我做错了什么，不给我吃糖？妈妈为什么要这么对我？

无论怎么想，对一个孩子来说，心情都会很挫败吧？

再者说，孩子吃一块儿糖，牙能坏到哪里去？吃完漱口或者刷牙不就得了吗？

3

我婆婆也总是抱有这种观念，觉得轻易满足小朋友的要求就是“惯孩子”。

我记得有一次张小又想要一个虎皮裙，没错，就是《西游记》里孙悟空穿的那种虎皮裙。有一天，我碰巧在地摊上看到有人在卖虎皮裙，于是就给他买了一条。

结果买回家后，我婆婆说：“这东西有什么用啊，孩子要什么就买什么，很容易惯坏孩子。”

可是你知道小朋友看到那个虎皮裙时开心成什么样子了吗？

欣喜若狂！真的是欣喜若狂，抱住我就“啊呜”亲了一口，然后将那个虎皮裙穿在身上，喜欢得睡觉都不肯脱。

我相信他穿上虎皮裙那一刻，自认为是齐天大圣孙悟空。那种兴奋，那种欣喜，是几十块钱远远换不来的。

我无论如何都不认为，一个因为得到一条虎皮裙就开心得找不到北的小朋友会被惯坏！

在我看来，男孩儿要一条虎皮裙和女孩儿要一套公主裙，并不是多么过分的要求，轻易就能满足的小心愿，为什么不买给他呢？

可能在我婆婆看来，虎皮裙没什么实际用处，张小又穿上几天就不再稀罕，搁置一旁了。

可是小朋友得到虎皮裙的瞬间，那种快乐以及由此带来的心灵富足感，是其他东西无法被替代的，这是其一。

其二，知道爸爸妈妈尊重自己的需求，会尽量满足自己的需求，并从中得到安全感，这也是一笔宝贵的财富。

相反，那种以“不能惯坏孩子”为名，拼命压制孩子的需求，甚至罔顾合理需求，故意不满足孩子，则是不人道的。

4

人生来就会有各种需求，刚出生的宝宝会因为饿、困等生理需求，要抱抱等情感需求得不到满足而哭闹，大一点儿的孩子，需求会更多更复杂。

作为成年人，我们每天都在尽量满足自己的各种需求，为什么到了小朋友那里，就成了“惯”“纵容”了呢？

我曾经遇到最好玩的一件事，一个妈妈带着孩子逛街，孩子要吃奶片，她不给买，理由他已经吃过甜甜圈了。她自己想吃的零食倒是买了一大堆，包括辣条、鸭脖、青豆什么的。孩子可怜兮兮跟在后边，一个劲儿地念叨：妈妈，你给我买奶片嘛！这位妈妈就是不给孩子买。

大人尚且有嘴馋的时候，更何况一个孩子呢？大人想吃就买买买，孩子想吃就非要上纲上线，和“惯”“纵容”“要学坏”联系起来。明明轻易就可以满足孩子，偏故意不满足，简直堪称残忍。

根据马斯洛需求层次理论，需求可以分为五个层次，生理需求、安全感需求、情感需求、归属需求和尊重的需求。小朋友的需求层次也在不断发展中，这是正常的进阶。

故意不满足孩子需求，压制孩子的欲望，并不能让小朋友学会清心寡欲，学会克制，反而容易使孩子感觉不受重视，缺乏安全感，甚至脾气暴躁。

孙瑞雪曾说，所有的儿童发火、发脾气都是有原因的，都是因为某种需求、某种发展的愿望没有得到满足。

让孩子明白，爸爸妈妈爱他，尊重他，会尽量满足他的合理要求，从而让他在安全感中心灵富足地长大，比所谓的“不惯孩子”重要得多。

嘿，来和我儿子
打一架吧！

1

从公园回来，大毛毛的心情很不好，我也是。

事情是这样的。玩完沙子，我们原本是准备直接回家的，可是却在公园的一角偶遇了大毛毛幼儿园的新同学Y和他的小伙伴。

看得出来大毛毛很想加入他们。他先是冲过去兴奋地大喊一声Y的名字，见Y的反应不大，他也不介意，而是随着他们一起在那个环形花坛处跑来跑去。他们跳起来欢呼，他跟着雀跃，他们蹲下来看毛毛虫，他也跟着撅起小屁股。

我很少见大毛毛如此热情地想要加入一个小团体，所以，我什么话也没说，只是安静地看着他。不过，很显然，他的热脸贴了冷屁股。Y和他的小伙伴一看就是经常在一起玩的，对于大毛毛这个“外来户”，他们似乎没有什么兴趣，甚至，有一点点排斥。但这一点儿都不影响大毛毛的兴致，他们干什么，他就跟着干什么，似乎很努力地想要融入他们的小圈子。

大概是很反感大毛毛的这种“跟屁虫”行为，奔跑中的Y突然间停下来，把跟着停下来的大毛毛使劲儿往旁边的花丛里推，然后叉着腰大声喊“臭毛”。他的话音刚落，其他几个小家伙也跟着他一起一边推搡一边大笑着喊“臭毛”。

大毛毛瞬间懵了，顿了三秒钟，他飞快地朝我跑过来，一把将小脑袋埋进我的胸口，久久不愿出来。我感觉到一股潮乎乎的热气在使劲儿地往外冒。

讲真，作为一个母亲，看到别的孩子如此欺负自己主动示好的孩子，我的血瞬间沸腾了，真想上去找他们爸妈理论一番，但我强迫自己冷静下来。

2

过了许久，大毛毛才抬起头了，睁着泪眼蒙胧的眼睛望着我。

“你现在感觉好点儿了吗？”我问。

大毛毛没有回答，神情有些失落。

"你本来是想和Y他们一起玩，但他不但不和你玩，还推你，所以你不开心是吗？"我试着描述他当下的心情。

"嗯。"他点头。

"那你现在还想和他们一起玩吗？"

"不想，我再也不想和Y一起玩了，我们现在马上回家。"大毛毛说完，拉起我的手就要往家走。

然而，作为一个男孩子的妈妈，我特别不愿意看到他遇到问题只晓得哭着鼻子找妈妈，而不是自己想办法去面对——我意识到自己面临着一个难题，而且当下就得解决。

"要回家可以，不和Y一起玩也行，但是我们现在还有一件事情要做。"我蹲下来，看着大毛毛的眼睛很认真地对他说。

"什么事情？"

"你要去和Y说一句话。"

"什么话？"

"你要对Y说，你可以不和我玩，但是你不能推我，如果你再推我，我也会推你的！"

大毛毛试着把我教他的话重复了一遍，但是声音很小。于是，我提高音量，带着他又说了几遍，直到他说得底气十足。

"那现在我们就去找Y说这句话好不好？如果你紧张，你可以牵着妈妈的手一起去。"

大毛毛点点头，拉着我的手慢慢向Y他们靠近。

刚靠近，小家伙们一看是大毛毛，又想上来推，但看到身边的我，他们掉头就跑了，大毛毛准备的台词完全没有施展的余地。眼见着大毛毛刚刚积攒的一点儿士气马上就要偃旗息鼓了，我赶紧对他说："咱们再试试吧。"

就这样，一个追一个跑，来回了三五个回合，Y始终没有对大毛毛表达出好感，而大毛毛，好歹是表明了他的态度，尽管气场有些弱。

面对大毛毛那颗快要碎成渣渣的玻璃心，我当然不能直接告诉他真相：他们就是不想跟你玩儿！但我告诉他，Y和其他的小朋友早就是好朋友了，他才刚刚认识你，对你不了解，不知道你是一个怎样的人，所以，他还没想好要不要和你做朋友。可是，即便你不想和一个人做朋友，也不应该欺负他。咱们不去欺负别的小朋友，但如果别人欺负你，你得告诉他，欺负人是不对的。如果你说完他还是欺负你，那你就可以还手了，大不了不做朋友了呗。

大毛毛趴在我的背上一声不吭，也不知道他听懂了没有。

3

我很想看我儿子和别的男孩子打一架。

当我把这个想法告诉朋友时，她直接骂我是个看热闹不嫌事大的疯婆娘。

好吧，我承认，是有一点点神经，但放眼望去，周围的小男孩几乎清一色的粉粉糯糯，小面团子似的。可爱是可爱，但看着他们玩泥巴嫌脏、看见蟑螂大喊大叫、吃一点儿亏就斤斤计较、遇到一丢丢委屈就眼泪长流哭爹叫娘……我的心情很复杂。这样下去，非把他们将来的老婆一个个都逼成女汉子不可，还能指望他们当顶梁柱？

我的身边不乏这样的“大男孩”：工作中出现了失误，不去想着如何解决补救，而是第一时间撒娇卖萌推卸责任；出去和女孩子AA制吃饭，居然为多掏了5块钱而计较半天；在家里和老婆分工做家务，要精确到细枝末节，连老婆月子期间也不愿多做一点儿……这样的男孩子给我半个我都嫌多！

我宁愿我的男孩儿皮一点糙一点，可是不要失了男孩子该有的血性、勇气、责任与担当。

打架当然不值得倡导和宣扬，我也并不是想把儿子培养成一个戾气十足欺压他人的小霸王。当我说想看我的男孩打架时，我想看的其实是这些：

（1）当他与小伙伴发生争执时，我想看到他去直面矛盾，而不是立即回避。一个遇到事情只会逃避的男孩子，别指望他长大以后能有多少担当。

（2）我想知道在大人完全不插手的情况下，他会如何解决与小伙伴的争端？又会如何捍卫自己的权益？

（3）我想让他学会权衡，什么样的情况可以化干戈为玉帛？什么情况下必须大干一场？简而言之，什么样的架非打不可，什么样的亏吃一点无妨。

（4）我很好奇，如果是女孩子欺负他，他会不会忍让？如果对手过于强大，他会立马缴械投降还是冒险一搏？

（5）我更想知道，一个平日里白净斯文的小男孩，到了“战场”，会不会迸发出激动人心的“爷们儿力量”？

然而，上面这些终究只能算是我的“意淫”。因为，现在这光景，要想看男孩子们热血沸腾地打一场架，真的太不容易了。往往是，孩子们刚调动起一点儿情绪，就被家长火速拉开了：我们要做讲文明有礼貌的好孩子，不能和小朋友打架。

作为一名女性看官，想看男人之间荷尔蒙嗞嗞冒烟的较量，大概只能出门左拐第二个红绿灯往前的电影院了。满目皆是举止文雅、风度翩翩的美少年，这其实是社会的进步，可是，像男孩的男孩子越来越少，总觉得有些遗憾。

4

写到这里的时候，刚好朋友给我发微信，抱怨她儿子见车就要买，家里都可以办三两场车展了。

我安慰她：你该庆幸，他喜欢的是车，而不是洋娃娃。

仪式感让你和孩子把日子过成诗

不论小时候，还是现在，我都是一个特别喜欢过年的人。

小时候，在即将过年的时候，妈妈会告诉我们要过年了。而且，会让我和弟弟一起帮忙打扫卫生，带着我们置办年货。

那时，能和大人一起置办年货，是一件特别开心的事。而被赋予这种特权的孩子也不多，因为在家长们的眼里，买东西带着孩子很麻烦，因为要看着他们，快过年了，街上的人特别多。

但是，妈妈每一次都不顾奶奶的反对，带着我和弟弟，说我们是她的左膀右臂，可以帮忙提东西。

街上过年的气氛特别浓烈，有卖春联的，有卖花炮的，还有卖玩具和书籍的，都会在路边摆着临时的摊子，看上去特别壮观。

遇见卖糖葫芦的，妈妈总会给我和弟弟一人买一支。“快过年了，孩子们就应该吃糖葫芦，这象征着幸福和团圆。”我妈看着我和弟弟吃得那么馋，宠溺地摸着我们的头说。

每一年临近年关的时候，妈妈都会交代我和弟弟，不能说一些不好听的话，也不能骂人，要说一些吉利的话。这种感觉很特别，我和弟弟都特别注意。

买春联的时候，妈妈总会买一些生肖贴纸，贴在我和弟弟的房间。奶奶会责备她乱花钱，她却笑着说：“过年嘛，让孩子们乐呵乐呵。”

妈妈也会早早给家里的每一个人准备好新衣服，即使我和弟弟再想穿，她也会跟我们说：“等到拜年的时候，才能穿呢。”

离过年还有两三天的时候，爸爸妈妈一定带着我和弟弟，去澡堂洗个澡，这是一个风俗习惯，我们家一直都保持。

即使街上有卖熟的瓜子花生，但是，妈妈从来都是买生的，回来自己炒，爸爸在锅台下面放柴火，妈妈头上裹着一个毛巾，卖力地翻动着锅里的瓜子和花生。而且，炒花生的时候，要用之前洗干净的沙子，这样才不容易炒煳。

我和弟弟呢，就安静地待在屋里，一边玩儿一边期待花生和瓜子赶紧炒好，我们可以尝一尝。

这种炒瓜子和花生的习惯，妈妈一直保持，她总说：“过年嘛，就得有一个过年的样子。”

妈妈的这种过年的样子，让我对过年一直都有一个期盼。直到现在，已经是两个孩子的妈妈了，依旧喜欢过年。

现在的我，会像当初我妈妈一样。在快过年的时候，带着他们一起逛街，买春联窗花，在过年的时候，给孩子们穿上喜庆的红色衣服。

孩子们在我的影响下，对于过年也有一种期盼感。

妈妈不懂得什么是仪式感，但是，她知道让日子过得有希望，就应该让它有一些与众不同。这一点与众不同，也影响了我和弟弟的生活观。直到如今，我们姐弟都是特别看重节日的人，在别人感慨越来越没有年味的时候，我们却一如既往期盼过年。

又一次临近年关，我拉着孩子们一起打扫卫生，娘仨忙得不亦乐乎，楼上的邻居到我家串门，很吃惊地问：“至于吗？平时不都打扫吗？再说了，现在去网上找一个家政服务，比自己干轻松多了。”

我摆摆手说，带着孩子一起干才有趣。我女儿兴奋地跑到她儿子跟前说：“快过年了，我好开心呢！”

楼上的小男孩听完，不屑地说：“过年一点儿意思也没有。”

两个同龄的孩子，对于过年却有着完全不一样的感受，这就是仪式感的重要性。

仪式感是什么？就是那一天需要做一些不同的事，来证明它和其他所有的日子都不同。

让孩子有仪式感，会增加孩子的幸福感。比如，过年这么一个仪式感，会让孩子有期盼，而且，为了这个仪式感，他们愿意很严肃和认真地对待。

有一件事，让我记忆特别深刻，也让我更加相信仪式感的重要性。

丫头还在上二年级的时候，学校举行元旦晚会，让孩子们回去和家长商量，出一个节目，丫头很高兴地找我商量。

因为当时我正在忙着写一个征稿，就随口说了一句："参加什么啊，学习好是关键。"

后来，在我的影响下，丫头没有参演节目。甚至班级里的元旦晚会，她都没有去参加。

那一天，很多同学过得都很开心，但是，我的小丫头因为我的一句话，让本来很有意义的一天，过得和平常没有任何的区别。

我想起很喜欢的一本书《小王子》。

"仪式是什么？"小王子问道。

"这也是一种早已被人忘却了的事，它就是使某一天与其他日子不同，使某一时刻与其他时刻不同。"

我抹杀了丫头成长过程中的仪式，意识到自己的错误，我开始改正。

新的一周开始，我会把家里的零食、iPad和电视遥控器都收起来，告诉孩子们，周一到周五是我工作，他们学习的时间，这一段时间，我们要集中精力去做好各自的事。

到了周末，我会拿出零食，放一部他们喜欢的电影，和他们一起说说笑笑，孩子们特别喜欢这样，自觉性提高，成绩也提高了，而且，会主动表达对我的爱。

原来，培养孩子的仪式感，会让成长变得轻松而又有趣。

家里只要有人过生日，我们就会一起布置房间，做菜。

一开始，老公比较反对我们这种烦琐的模式，可当他站在我们布置的生日party场景里，听着我们给他唱生日歌，接受我和孩子们的礼物，他说很感动，很幸福。

仪式感会让孩子们更加懂得感恩。而且，让孩子有制造幸福的能力。

有一天，我下班回到家，看见女儿桌子上，有一盆小盆栽，开着粉色的小花，特别的漂亮，我问她："同学送你的？"

她笑着说："我自己送自己的啊，经过我半个月的努力，英语成绩升到了全班第一，这是我奖励自己的。"

那一刻，站在丫头的身边，我由衷地感到高兴。因为长久以来，我培养的仪式感，已经让她有了让自己幸福的能力。自己取得了好的成绩，即使没有别人的奖励，她会以自己的方式去庆祝。

在我们家，每一个人的生日，每一个节日，谁在工作和学习上取得了一个突破，我们在一起，开一个茶话会，让主角分享一下自己的感受和心得。这种仪式，孩子们特别喜欢，每一天晚饭前，大家都互相问，有没有喜事？

仪式感，是孩子们成长路上的一支甜蜜口服液，家长们一定不要随意就把它给丢弃了。

仪式感让日子变得不再平淡和普通，而是被赋予了诗意和希望，留下了更美好的回忆。

与其说NO，不如让孩子自己去试错

1

孩子从呱呱坠地开始，我们几乎每天都要对TA的举动做出几次反对。

尤其是在孩子对事物有了认知和诉求之后，我们对孩子说“不”的次数，也越来越多。

小朋友上幼儿园的时候开始，就总是会对我提出一些奇怪的要求。

比如：妈妈，我今天想带着我的睡袋去上学，幼儿园的那个被子太丑了。

又如：妈妈，我今天可不可以不去上学了，我想休息一天，就一天还不行吗？

……

一般这种情况下，正常人的反应都是驳回孩子的诉求，这些诉求，在我们的眼中是无理取闹的，是不对的，TA不能那么做。

每次我们驳回孩子的诉求之后，孩子会不开心一整天，甚至好几天。

这样的问题，真是困扰着无数家庭的一桩大事。

2

我也每天在各种拒绝中寻找我和孩子的那个共通点，希望我们能磨合出一套属于我们的交流方法。

可是越想去解决的事情，越找不到出口。每次我都是在各种拒绝中，选择去肯定自己的认知。也就是说，我觉得不可以的事情，她绝对不能做。

教育孩子，真的是一件体力活。几番较量下来，我发现我越不希望孩子去做的事情，她想要去做的欲望就越大。

做不了的话，她就会跟你闹别扭，使各种小性子让你妥协。你不妥协？往往会换来一个坏脾气的孩子。

无意中，我看到了一篇儿童学家写的文章。讲的是作为父母，我们如何学会去顺应孩子的诉求，不轻易拒绝孩子对任何事情第一次的探知欲望。

那样你会发现孩子再也不暴怒了，甚至让你觉得她就是一只乖顺的小绵羊嘛！

也是从那时候开始，我学着试着，尽量少对孩子说“不”。

“不”，这个字，蕴含的唯一能量就是拒绝。

这样生硬地拒绝一个孩子，孩子心理上会备受打击，他们觉得这个世界给他们的体验并不是无忧无虑的，并不是可以探索的。

所以他们才会在这样消极的态度中失望、暴怒、耍脾气！

3

后来，我改变了方法。

小朋友坚决要带睡袋去上学，我想，在这个小小的心愿未达成之前，她肯定不会善罢甘休。索性就答应她好了。

这天，小朋友的坚持终于有了结果，我同意了。

我和她一起带着睡袋去上学了，结果还没进他们班级的门，就被老师拦了下来。甚至被老师批评：你们不能特殊化，别的孩子都是盖学校的被子。所以，这个睡袋不能留在学校里。

当时的气氛无比尴尬，我挡在小朋友面前，对老师表示歉意。

没想到，这时候小朋友拽了拽老师的胳膊说：老师，这是我自己要带的，我让妈妈带回去就好了。

老师摸摸小朋友的头，对她夸奖一番。

这件事情尘埃落定，她遭到了老师的拒绝，反而没有不开心。因为她终于知道，妈妈说的是对的。

之后，她也没有过这样的诉求了。

4

例如这样的事情，还有很多。

那次睡袋事件之后，我学会了一样本领，那就是不把事情放大化。

学会不去拒绝孩子。那样她会在实践中明白，她想做的这件事情到底是对还是错。

孩子念小学一年级的时候，并不能完全适应小学的生活。她经常问我：妈妈，为什么念小学这么累啊？老师很凶的！

我会对她做出一些解释，她却听不进去，觉得念小学可以像念幼儿园一样比较随便。甚至有的时候会强烈要求逃学，拒绝去上学。

我说也说了，劝也劝了。孩子不听，一定要逃学一次。

那一次，我没有批评。而是告诉她：你想逃学可以，但是妈妈不会给你请假，你看看第二天有什么结果。

小朋友那天没有去上学，在家玩的时候，总是反复不停地问我：妈妈，你说老师会不会生气？我只是笑着做自己手里的工作，不对她做出任何解释。

可我能看出，孩子虽然一天没去学校，可在家里也没有随心所欲地玩好，而是战战兢兢，时刻担心。

第二天，小朋友去上学自然受到了老师的严厉批评，连我，也跟着挨了一顿批评。

可这批评没白挨，自此，孩子没有再对我提出过不去上学的诉求。

5

当然，不是孩子所有的诉求我们都要去满足。

但只要是不危险的，能让TA从中受教的，我们都应该不拒绝TA。让TA学会去碰壁、去敢作敢为、去面对那个后果……

只有这样，TA才会对自己提出要求和学会承担。

换言之，你得允许孩子犯错，TA才能平静地去接受生活中的种种坎坷。

生女孩是福气，
如何养、如何教更需用心

都说生女孩是福气，因为女孩乖巧懂事，让家长省心，长大了也会很孝顺。

但其实，养育女孩，要比男孩费心多了。

我姐姐怀孕的时候，特别想生一个男孩。我很不屑她这个想法，说她封建思想，重男轻女。她却一副我不懂她的模样，叹气说：“养女孩很麻烦的。”

后来，姐姐如愿生了男孩。我呢，第一胎也如愿生了一个女孩。如今小丫头9岁了，回首这一路，我真想说，女孩不好养。

我丫头3岁之前，特别好带。吃饱睡足了，给一张纸，拿一支画笔，就可以独自玩很久；带出去玩，也从来不会和人发生冲突，安静地和小伙伴玩过家家游戏。所以在她3岁前，我简直幸福得不得了。

3岁之后，我开始慢慢意识到了养女孩的难处。

天气变冷了，她依旧要穿裙子，我得费尽口舌，去跟她解释为什么不给她穿裙子；和邻居男孩在一起玩，我得告诉她，如何保护自己身体的重要部位；因为胆小，见人总不爱说话，我又得慢慢引导，让她成为一个开朗的女孩；钢琴、舞蹈和画画，一开始都跃跃欲试，可最后一个也坚持不了，我又跟她说，女孩子得会一样本事……

而我的小外甥呢，在我姐姐的散养之下，长得健壮，性格开朗。根本没有那么多的事。

女孩，是福气，是上帝送给父母的一个温柔的礼物。父母一定要细心去呵护，正确地引导，不要把这一份礼物，活生生地弄“坏”了。

如果你家也有女孩，那么，请你一定要做好以下几点。

第一，掌握基本礼仪

虽说现在社会，不要求女孩像过去一样“守规矩”，但是懂得一些基本的礼仪真的很重要。

丫头在我们小区里，有一个玩得很好的朋友。每一次在小区里遇见了，跟她父母打声招呼，就会跟着丫头来我家，从来不会问我是否同意，而她的父母也从来不会考虑我们是否方便。

在我家，即使我没有开口，水果和零食她都是随便吃，有一次，她吃了家里仅剩的一根香蕉，丫头看着她说，“我也想吃。”而她一边吃一边说：“我家里多的是，下次你去我家吃。”

吃饭时，她从来不端碗，一手扒饭一手把玩玩具，腿还不停地抖。

我和老公都不太喜欢这个孩子，但是，又不想过多干涉丫头交友的自由。好在，后来上了初中，她家搬走了，两个人联系也少了。

礼仪，是比外貌还重要的门面。它可以让和你相处的人，身心愉悦。

第二，培养自理能力

我上大学的时候，宿舍里有一个女孩，她妈妈跟她一起来报到的。她妈妈晕车，坐了几个小时的汽车，特别难受。而她陪女儿一起来报到的理由，除了女儿没有独自出过远门（那时候，除了上大学，很多孩子都没有出远门的机会，几乎很多人都是第一次），就是不会铺床。

那女孩也不会洗衣服，她妈妈给她出了一个主意，就是出钱让同学帮忙洗。可谁好意思拿钱呢，就找各种理由不帮忙洗，后来，不得已她除了内衣自己洗，其他衣服全部送去干洗店。

别说什么“只有这一个女儿，要把这一生所有的疼爱都给她，不让她受委屈”。再牛的父母，也陪伴不了女儿一辈子啊！

不管你有多爱你的女儿，一定要让她学会自理，因为这是一个女孩最基本的生存需要。能自理，才能独自去面对生活中出现的困难和挫折，才会真正的独立。

第三，增强受挫力

女孩子给人最大的感觉就是脆弱，动不动就哭了。可是，哭也解决不了问题啊。

现在社会，女孩和男孩一样要出去工作，面对各种压力，在复杂的人际关系里周旋。也许会受委屈，可是，如果受挫力不够好，可能酿成严重后果。

养育女孩，切记不要一味夸奖她。一件事，做不好也没有关系，谁都有不会的时候，错了没关系，改正就好。千万不要在她小时候，就把她的一颗心培养成了玻璃球一般。

我好朋友家的女儿，和我丫头一样大。偶尔聚餐，只要她带女儿去，我肯定不带丫头去。因为她女儿特别爱哭，不允许别人质疑她，玩游戏都得听她的，稍有异议，她就受不了了。前不久，还听说她准备给女儿换学校，说现在的学校管理得太严了，女儿都不想上学了。

突然想起那句话："你以为四海之内皆你妈啊！谁都得惯着你！"

女儿终究要长大，会走向社会，难不成你让她一辈子都在你的翅膀之下，不与任何人相处?

第四，当妈的榜样很重要

现在有很多妈妈，为了家庭放弃了自己的事业。其实，我特别不赞成长期当全职妈妈，除了家庭条件真的不允许去上班。

0—3岁的陪伴很重要，但孩子3岁以后，妈妈完全是可以出去工作的。

很多女孩，都是以妈妈为榜样的。如果你不上班，她会觉得，以后为家庭牺牲自己的事业是一件特别正常的事。

如果妈妈在事业上有自己的小成就，也会在女儿心里，树立一个追逐的力量。

人们都说，女儿会重复妈妈的婚姻。其实，这就是妈妈的言行举止，在影响着女儿。

第五，正确的价值观

还记得网上那一个“裸贷”新闻吧，一个女孩在没有经济能力的情况下，为了爱美整容，选择了借款，后来拍裸照被敲诈。

我女儿四岁的时候，是《巴啦啦小魔仙》动画片的忠实粉丝，玩具店里各种魔仙棒，正版的盗版的，买了好几个。可只要遇见了，还是会要。

我很明确地告诉她，已经够多了，家里的钱还有其他用途，如果她想继续满足自己的喜好，可以通过劳动赚钱去买。

我给她制作了一个表格，上面写着：扫地——1元，收拾碗筷——0.5元，洗袜子——1元。

通过这件事，她不仅知道赚钱的不易，也知道喜欢的东西，得自己通过劳动去获得。

女孩有了正确的价值观，才会在以后的人生道路上，面对诱惑时，做出正确的判断。也学会自尊和自爱，从而得到别人的尊重和认可。

第六，增加自信

自信是女孩在人生道路上，很重要的一个通行证。

很多女孩子特别不自信，这样就会在事业和感情上，断送好的机会。而让一个女孩自信的方法，就是给她适当的自主权利，尊重她的想法，不要打压她的思想。

我有一个好姐妹，她不管做什么都要过问一下父母，因为她已经习惯了父母来代替她做决定。她穿职业装很好看，但是因为她妈妈说难看，每一次单位有正式活动，穿上职业装的她，就各种紧张，担心自己的形象不好。

而自信的女孩，才会在人生中赢得漂亮。

女孩是造物主送给人间的恩宠，当父母的我们在细心呵护的同时，也要懂得一些正确的教育方法，因为只有精雕细琢，才能将一块原始的玉石，打磨成上好的成品。

第四章

爱·陪伴：我陪你长大，你陪我变老

我陪你长大，你陪我变老

1

闲聊时，欣说，已经几天没看见儿子了。

欣自己支撑着一家餐厅，面积三百平方米，员工二十几人。餐厅里人来人往，菜进菜出，欣一个人既做大堂经理又做财务出纳。欣的老公在公司，总是出差。两个人都像陀螺一样忙起来，谁也帮不上谁，孩子的事情一概交给爷爷奶奶。

我说，你又不缺钱，为啥非把自己忙成这样呢?

欣说，为孩子攒钱！想尽力让孩子受到好的教育，享受好的生活。儿子以后要上学要出国，买房买车娶妻生子，做父母的不能因为拿不出钱来耽误孩子。况且现在，自己还年轻，就该为了孩子努力奋斗，以后也就不后悔了。

说到孩子的学习，欣不知道儿子的班主任是谁，不知道儿子最近的考试成绩，不知道儿子一屋子的玩具到底哪个玩得最多……欣认为，小学阶段谁带都一样，交给奶奶完全放心，自己先赚钱，等到孩子上了初中，自己再亲自督促也不迟。

到底是该先赚钱，还是应该先带娃？

我想，是该先陪在孩子身边吧！因为，我怕，等我攒够了足够多的钱，我的孩子已经长成了我和他自己都不希望的样子。

一棵小树苗，小的时候没有修枝剪叶，大了再想改变怕是要伤筋动骨，结果也未可知。

母爱是前半场的全身心投入，后半场的得体退出吧。最失败的父母，是前半场自以为是的缺席空岗，后半场自以为是的横加阻拦。

2

孩子交给爷爷奶奶，一定不好吗？我想，这需要一个评判的标准，要看老人的三观，也要看父母的行为。

和儿子去学英语，总能看到两对祖孙。

一个是奶奶带着孙子，儿子儿媳在外地工作，老太太每次都要戴上老花镜，坐在孙子身后，不时地提醒孙子，

“老师告诉你翻书！”“举手！”“铅笔拿好！”“大声读！”……

孩子也依赖奶奶的提醒，老师说的也不注意。要是奶奶没出声，孩子就会一脸茫然地回头看。

孩子被奶奶养成了“牵线木偶”，不免让人担忧他的未来。要多少钱才能给他一个自立会思考的好习惯！

还有一对是爷爷带着孙子，来了就会抱怨，孩子妈妈非逼着孩子学这学那，把孩子都累坏了，让老师不必太认真，孩子父母知道赚钱，却不知道花在正地方。

有一次，孩子和旁边的小朋友抢东西，没占着便宜，就去找爷爷。爷爷在屁股上拍了两大巴掌，吼了一句“完蛋玩意儿”，然后大着嗓门开始指责旁边的小朋友，小朋友的妈妈辩解了两句，战争立刻升级了，小孙子哇哇大哭，爷爷大喊大叫。

大家都很尴尬，道德伦理让我们不忍去和一个老人吵，老人用愤怒宣告他们的“强大”，留给我们的就只有无奈了。

我想，孩子的爸爸妈妈一定不知道孩子的状况。还为自己的自由时间而欢欣鼓舞吧，还在为自己日益丰满的钱袋而乐不可支吧！

是不是，有一天，也会奇怪，孩子为什么变成了这样？

表姐的儿子小时候还是大家眼中懂事优秀的好孩子，到了高中就抽烟喝酒打架谈恋爱。表姐痛哭流涕，不明白，那么阳光优秀的儿子为什么变成了这样？

因为，小学的时候，你觉得家远事忙孩子懂事，交给委托班。妈妈只管晚上睡觉，节假日旅游！

因为，初中的时候，你觉得孩子优秀老师负责，交给学校，妈妈只管补课报名交费开家长会！

因为，高中的时候，你觉得他学的东西自己都不会，看不懂讲不了，住校还能上晚自习，妈妈只管送钱收脏衣服，告诉孩子要努力！

3

有人说，我也想陪啊，可是我只有一双手。搬砖就不能抱娃，抱娃就不能搬砖！

也许，拮据的生活真的是这样吧。

但是，我想，骨子里能拼的人总是能改变现状的吧。多少妈妈在孩子睡后，熬夜忙自己的工作。朋友做淘宝店，上班工作，一路狂奔；下班哄娃，一心一意。两年时间，每天睡眠只有四个小时。她说，哪里有那么好运，不过是自己肯拼。现在，店铺已经五皇冠，女儿聪明可人。

事业如日中天之时，杨澜专心闲置生娃，赵雅芝急流勇退陪伴三个孩子长大。也许，选择的艰难在于，内心主次不明，得陇望蜀！

也许，你的生活，并不拮据，只是想过得更好一些。想房子更大车子更好。好多东西既不是“刚需”，也恰好不是“必需”。

有钱我可以开宝马，没钱可以坐公交，一样可以和孩子一路欢声笑语！

陪伴是最长情的告白，对孩子也是如此。明宪宗那么深爱比他大十七岁的几乎一无是处的万贞儿，并为她哀伤致死，也不过是因为，明宪宗两岁起就和万氏相依为命，多少个血雨腥风的夜晚都是万氏陪在他身边，告诉他“别怕”。

所以，陪孩子长大的时间不会欺骗我们，再多的道理都敌不过岁月的浸染！妈妈生我养我爱我，为我哭为我笑，一生都在牵挂我。如果，陪孩子长大的是爷爷奶奶，那么，这份相知相守的情感也肯定归属于他们。

有时，我会自私地想，上天赐予我的宝贝，为什么我不做他最大的依赖，为什么不把我最好的年华给最爱我的孩子，我陪他长大，他陪我变老，不是最好的人生吗？

孩子总会有他自己的生活，不会24小时缠着父母，需要陪伴的日子都是越走越少，不要为了赚钱，错失了与孩子一起长大的好时光。

当孩子长大之时，未必会和我们一起计算花过的钱，可能会更愿意和我们一起细数时间都去哪了；当我们白发苍苍的时候，陪伴我们的不是口袋里的钞票，而是这一生的记忆累积的情感与幸福！

别在孩子最需要
你的时候暴跳如雷

1

《血战钢锯岭》中最让我动容的，是戴斯蒙德·道斯小时候与哥哥打架的往事。

道斯在与哥哥打闹中，一时失去理智，拿起砖头砸向了哥哥的头。哥哥瞬时昏厥，父母手忙脚乱地施救。知道自己闯了大祸的他，不安地站在神像前面，默读上面的戒条。

他面色惨白，神情恐慌，甚至连听觉都失灵了，周围的声音像幻觉一般在他的耳朵里重复播放着。

确定哥哥脱离危险后，道斯的爸爸拿着皮鞭走来，大声恫吓他，扬起鞭子准备抽他。那一刻我紧张极了，因为我知道，此时任何责罚，对他来说都是二次伤害。

妈妈拦下狂躁的爸爸，抱住道斯，温柔地告诉他，哥哥会没事的。

“哥哥会没事的。”

这天籁般的声音，简直是天一样大的宽慰。

闯了大祸的道斯，以为自己会大难临头，结果却得到妈妈春风般的安慰。正是那种如释重负般的极乐，为他后面的一生，写下温暖的前奏。

道斯入伍之后，坚守信仰拒绝拿枪，因此拖了队伍的后腿，遭到太多排斥和欺辱。可他不妥协、不抱怨，仍然保持一颗宽厚的心，在战场不遗余力冒死拯救那些毫不留情嘲笑他的人。

导演在一部战争主题的电影里，插了这样一段温暖的童年旧事，想必就是要为道斯日后的宽厚埋下伏笔。

父母的温情，能够成就孩子的一生。

温情体现在日常，更体现在孩子最“魔鬼”的时候。

2

我有个外甥，是表姐的孩子，从小是个蔫瓜，不爱学习，但也不捣蛋。成绩偏差、性格内向。

小学四年级时，外甥与同班同学结伴出走，留书说不混出个样子不回来。

他走后，表姐全家出动四处寻找，搜寻范围越来越大，却毫无收获，大家心力交瘁。

八天后大家正陷入绝望时，孩子回来了，蓬头垢面，精神萎靡。他站在门口，怯怯地说："妈，出租车在下面等着，我没钱付了。"

表姐和表姐夫一起去付了车钱，回到家里，孩子正垂着头坐在沙发上。看到他那副落拓没出息的样子，两口子气不打一处来，指着孩子说："你有本事走就别回来啊，还回来干吗！"

孩子困顿的眼睛里忽然冒出凶光，站起来拎了脏包又往门外冲去。

爷爷眼疾手快把孩子拦了回来，可之后很长的一段时间里，他都不愿意和父母讲哪怕一句话。

表姐和表姐夫愧悔不已，说当时应该抱抱孩子的，看他那副可怜的样子，都不知道在外面经历了什么，一定过得很辛苦。

然而他们不会知道了，因为孩子被伤了心，什么都不愿意给他们知道。

在他最脆弱时给他再次施加痛苦的父母，他又怎敢将痛苦拿出，与他们分担呢？

3

听过一个睿智的小故事。

攒了数年钱的父亲，终于买下了自己梦寐以求的那款车。他美滋滋地开车回家，然后到水房提水准备清洗一下。

五岁的儿子看到了，很想帮父亲一把。于是跑到厨房，把妈妈平常洗碗用的钢丝球拿了出来，就着父亲刚提来的水，开始擦拭父亲的新车。父亲心情很好，一边吹着口哨一边摇着手里的抹布，向这边走来。

等走到车前，才发现自己的儿子在干什么。他心疼地叫了起来，只见车身被儿子手中钢丝球的运动轨迹显示出一道又一道的花纹。听见父亲的叫声，儿子高兴地抬起头来，“爸爸，我要帮你一起擦车。你看！”

儿子的小手指着刚擦过的地方，当他的小脑袋随着转过去时，才发现那些刺眼的花纹。儿子显然是吓坏了，他惊恐地垂下头去，两条小腿不停地打着战，心惊肉跳地等着即将到来的惩罚。

“这可是我新买的车！”父亲攥起拳头，心里的怒火不停翻滚着。但是突然，他蹲下身去抱住了哭泣的儿子，“傻孩子，谢谢你帮爸爸擦车，爸爸爱车，但是爸爸更爱你。”

儿子停止颤抖，如释重负般哭了起来，哭声中夹杂着喃喃的“对不起”。

不管父亲是否惩罚他，儿子都知道自己做错了。而父亲及时压抑住自己的怒火，孩子免去经受一次狂风骤雨。

是否应该惩罚孩子标准在于他做事的初衷，而非事情的结果，因为这两者如果不统一的话，他其实已经受过了惩罚。

4

多斯举起砖头，不过是为了打赢哥哥，看到哥哥昏厥，他已经知错，并且预估了最差的结果，他甚至在心里把自己打入地狱。哥哥没获救时，正是他最恐惧时。

表姐的儿子离家出走，是怀着理想主义的心情，想去闯荡一番，想打一个属于自己的天下再回来。他铩羽而归，是因为第一次知道世界残酷，第一次发现自己在广阔的世界面前，如此渺小无助，他失落地退回家庭，心上满是伤痕。

而那个用钢丝球擦车的儿子，他是满心喜悦地去帮父亲的，甚至还有可能为自己钢丝球擦车的主意扬扬得意呢，毕竟这不是每个孩子都具备的常识呀！他甚至在等着一顿奖赏呢！车被划伤，对于他来说也是出乎意料、触目惊心的。

当孩子做了意料之外的“错事坏事”，父母们总是会在第一时间暴跳如雷。但是父母最狂躁时，往往是孩子最需要安慰的时候，他们被违背于初衷的结果惩罚，内心充满挫伤，渴望得到安慰、拥抱。

5

当你暴跳如雷时，心里的想法也许是“这孩子怎么变成这样了！”，感觉这孩子如果不暴揍一通非得变得无法无天了。

而这时，孩子恐怕也正在惊讶：“我怎么会做了这样的事情，我的想法不是这样啊！”

看，父母和孩子的认知，存在着本质上的区别。你因一件偶然发生的事件，而担心孩子变成必然的坏人；而在孩子的认知里，它就只是一个偶然事件。

此时，如果你任由自己的怒火燃烧，对孩子施以责罚，就等于是在和他强调，“你就是这样的坏人”，孩子在受到二次伤害的同时，也会对自己的坏身份做出进一步肯定。

而且，每当你察觉自己要发脾气时，都应当强迫自己先冷静下来，思考下到底是孩子真的应该被惩罚，还是你只是发泄自己的情绪。任何时候，父母向孩子发泄情绪都是禁忌。

相反，如果你及时刹车，明白这只是一个偶然，而在这偶然的错误，孩子已经因为结果和初衷的不一致，受到了惩罚和打击，你就会知道，此刻孩子更需要的，是宽慰。

你的宽慰，会换来孩子的宽厚。

等你和孩子的情绪都平复了，再去“复盘”，他也容易接受。

6

你因为孩子的错误而暴跳如雷时，恰恰是孩子最需要你安慰的时候。

其实很多时候，表面上孩子是“犯罪者”，可事实上他们已经在“犯罪”中受到了惩罚，因此更是受害者。

此时是去指责他们的“犯罪”，还是安慰他们受到惩罚的苦楚，全在于父母的选择。

横加指责，会压垮孩子。

而最脆弱时的宽慰，会照亮孩子的整个人生。

可以让孩子独立，
但别让孩子觉得孤立

1

我七岁时，曾经干过一件大事儿。

记得那是一个黄昏，太阳西沉至山顶，马上就要藏身到乌沉沉的山后面了。我披着一身碎金，雄赳赳气昂昂地走在村里的小路上，手里拿着一块沉甸甸的石头。

——我要去砸班里一个男生家的玻璃。他下午打了我，没等我还手就跑了。就算我还手，我也打不过，只好想出砸玻璃这样的损招。

可当我终于到达，站在他家没有围墙的简陋院子里，手却忽然举不起来了。那一刻我的脑海里，站着爸爸和妈妈的无数个分身，他们黑着脸，一句接一句地指责我，说我这么大人了做事不过脑子，说我给他们丢人，让村里人觉得我们是有钱人欺负穷人……

石头在我手里拗了很久，最终还是随着地球引力无力掉落。

我回转身，艰难地迈着步子回家，眼泪吧嗒吧嗒落下，洒在来时的路上。

2

九岁时，我最讨厌的人是前院的女孩。

可是孩子不和，大人们会觉得别扭，面子上挂不住。于是两个妈妈总是想撮合我们，尤其是我妈。

可强扭的瓜不甜，每次凑到一起都会以打架收尾。

有次我俩又打起来，她下手很黑，脱下鞋子来用塑料鞋底抽我，当我怒发冲冠抢过鞋子正准备打回去时，我妈大声喊我名字，要我停下。

我停手了，真的停了。跟在妈妈身后灰溜溜回家，瞪着她背影的眼睛里满是恨意，恨自己有她这样一个妈妈。如果不是她搅和，我才不会这么窝囊。

可能是真的被打狠了，妈妈回家后说了她这辈子对我说过的唯一一句软话："你怎么不趁妈在使劲打她？"

我没抬头，没张嘴，只在心里狠狠地说：就是因为有你在，我才不敢啊！我怕你会觉得伤面子，怕麻烦你处理棘手的邻里关系，怕给你丢人！

3

我父母信奉中庸之道，践行吃亏是福，在村里人缘第一。村民们提起他俩，全都竖起大拇指夸他们温和、善良、体贴周到。

所以如果我胆敢不温和、不善良、不体贴周到，就是丢他们的脸，抹黑他们的声誉，他们也理当放弃中庸棍棒相向。

每次在外面和人打架，不管输赢，回来肯定还会再挨一通胖揍。

后来，每每遇到与人有争执起冲突，我总会第一时间想到父母，害怕给他们丢人，害怕他们劈头盖脸的指责，害怕变成他们眼里的坏孩子，于是第一时间败下阵来。

屡战屡败，不战而败，真沮丧啊。

4

读柴静的《看见》，里面有一章是关于药家鑫案，我看哭了。

药家鑫开车撞了人，可他没报警，反而拿刀把人捅死了。问他为什么这么做，他说以为对方在记他的车牌号，怕对方没完没了地纠缠他的父母。

采访中，他说，我爸爸是不允许我犯错的，还说他觉得压力大，看不到希望，常想自杀。

他的父母也说，小时候只要和小朋友打架了，回来都挨骂；在学校有个男孩要药家鑫背，不背就得给一块钱，爸爸被叫到学校后的处理方式是：那就让他背吧，一点都没有支持自己的孩子；爸爸还说虽然对他很满意，但是怕他骄傲，从不夸他，还总是敲打敲打他，说世界之大，比你强的人多了去了。

于是药家鑫总是压抑着自己，遇事总是先害怕不知道怎么向家里交代。

我哭是因为那种感受我太懂了：爸妈知道了，肯定饶不了我，那是天大的恐惧。

我哭也是因为庆幸自己安全地度过了那个时期，长大后开始懂得父母内心真正的大爱，他们只是不懂表达，也欠缺正确的教育方法。

可是无法否认，这样的家长因为自己教育理念的片面和缺失，不仅没能在孩子脆弱时安慰一番，没能在孩子跌倒时扶上一把，还让自己变成了孩子成长过程中最大的绊脚石。

孩子遇到挫折的时候，没能力前进，却也不敢退回来，因为父母的指责和失望更伤人。于是渐渐变得无助、软弱、抑郁，不知道人生的意义。

5

我成为妈妈之后，也犯了相同的错误。

总是坚持小朋友的事情就要自己去处理，不要求助于大人。儿子与小朋友发生冲突的时候，我只冷静地站在一旁，看他孤军作战，占便宜或者吃亏。

虽说在家把“人不犯我我不犯人”的道理说了无数次，可他亲临“战场”时，还是怯懦。很长的一段时间里，不管大获全胜还是败北，他都会号啕大哭。

一度我认为那是他对“战争”的厌烦和恐惧，对“敌方”不遵守规则的控诉。直到有一次，他被别的小朋友用金属汽车砸了头，一边哭一边看着我，眼睛里全是“你为什么不支持我”的控诉。

那一刻我歉疚极了。

他并不是没有还手，只是我教给了他太多理智，即使怒气上头，他也明白那些“重武器”会致伤致害，不可以用来对付朋友，于是只用拳脚对付别人的野蛮攻击。

那一刻，我怀疑自己不是个好妈妈。

我问他，你怕吗？

他说怕。

想到在他怕的时候，我却冷眼旁观，心都碎了。

抱着他安慰了很久，然后决定不再做一个那么“冷静理智”的妈妈。

6

有一次在游乐场，儿子找到一辆车，正要坐进去，旁边插出一个孩子抢了去。

那个孩子的父母跟在后面看着，无动于衷。我有些气恼，可看那个孩子已经走远，也就抱着息事宁人的态度把儿子的注意力转移了。

等儿子再次坐进那辆车的时候，那孩子又冲了过来，要抢车被我阻止，他的父母说那是他们孩子刚在玩的，我据理力争，他们没再坚持。那孩子却在后面已经用力推着我儿子往前冲了。

儿子有些害怕，大喊不要。

他的父母仍然无动于衷。

我只好冲过去对那孩子说："我们不喜欢这样，你放开！"

这时候他的爸爸冲上来，五大三粗一个男人，伸出食指指着我鼻子，说我有病。什么？自己不教好孩子还跑来攻击别人？对不起你找错对象了！姐读了那么多心理学的书此时不用待何时？于是发动我的三寸不烂之舌，言辞激烈地把他家两口子在游乐场的斑斑劣迹抨击了个够！壮男差点儿恼羞成怒要对我动手，好在保安们已及时赶来。

我知道那样做太冲动，可让孩子知道妈妈为了他会变成猛虎，知道这个世界上不只有委曲求全，太值了。每次孩子提起这件事，都会说妈妈厉害，妈妈不怕坏人。有小朋友和他说“我爸爸可厉害了，我让我爸爸打你”，他也敢回来要求我去打那个小朋友。

“一切你都自己去面对”已经不再是我的原则。

我终于变成他可靠的妈妈了。

7

世界很大。

可对于孩子来说，他的全世界只有爸爸和妈妈。

从孕育起，孩子就不是独立的，只是父母的依附；父母控制他，他唯有服从，父母放手了，他才能独立。

他也是空白的，父母写了什么，就会成为他一生的三观导向。写了勇敢，他就会所向披靡；如果写的是“父母面子第一”，他便会为了父母的面子委曲求全；而写了“尽善尽美”的话，做不到的他只能极力逃避、掩饰。

要求不独立的他去独自面对世界，要求未成年的他去遵守成年人的行为准则，都是拔苗助长似的伤害，沮丧、挫败、愧疚会绊倒孩子，甚至会摧毁孩子。

所以，当小朋友的父母只有一个选择：无条件做孩子的靠山、港湾、后路。

他只是一个孩子，他需要坚强、勇敢、独立面对的路还很长很长，而你可以帮他遮风挡雨、扫尽不平的日子，只有短短几年。

所以得让孩子知道，他的靠山很硬、港湾很暖、退路很宽。

所有的教育宝典育儿心经，都没这一点重要。

你确定你养的是孩子，不是手机？

1

娃娃城里最常见的景象是，孩子们在奔跑追逐嬉戏，爹妈们在埋头狂刷手机！

当大人们从一周繁复的工作中暂时解脱，带娃去游乐场，似乎成为最省心省力的陪伴。除了像佑佑这样的小宝贝，需要我们全面看护，大一点的孩子，扔进娃娃城，都能自己玩半天。

而爹妈们就坐在娃娃城外圈配备的靠椅上，连上Wi-Fi，徜徉在互联网的世界。只有当孩子渴了饿了，家长们才会被片刻叫醒而抬起头来。

我每次带佑佑去娃娃城，都是专业陪玩，最后累得腰酸背痛，发誓下一次一定要让佑佑爸来替我。可是真的到了下一次，佑佑却拽着我不放，他喊：“我要让妈妈陪我玩！”

于是，我又一次投入疯玩的欢乐中。

旁边的小朋友也呼喊：“阿姨，看我的，看我的，我们一起玩吧！”于是一会儿工夫，身边聚集了一大堆孩子。

我们互扔海洋球“炸弹”，“小火车头”和“小火车厢”相继从小山坡（小滑梯）上冲下来，我们分配了角色，有小医生、小护士、小消防员、小警察……玩得不亦乐乎，佑佑的眼睛闪闪发亮。

直到我们离开，小朋友们却依依不舍，“阿姨，你们要走了吗？咱们再玩会儿吧！”

这一刻我举头望，那些还在刷手机的爸爸妈妈，你们，是否看到了孩子心底的愿望？

2

春暖花开的时节，常带佑佑去户外，采摘、钓鱼、踏青……

每次都会碰到这样一类人，和我们一样，他们也是带着娃出来玩。但跟我们又不同，他们有的带着自拍杆，有的背着相机。当然，这也没什么不妥。

有一次，遇到一大家子人，七大姑八大姨聚齐，带着一岁左右的宝宝。当然，宝宝是老人轮流抱，宝爸宝妈在长辈面前弱化成孩子的模样，他俩一路上都在自拍或者互拍，要么就是划拉手机。

每走到一处景致，就停下来，先把宝宝安置到景内，一家人围着拍照。然而，在瀑布旁边，惊心动魄的一幕出现了，当大家又围着宝宝拍照时，宝宝突然踉踉跄跄地往前迈步，大人们无比惊喜“宝宝居然会走路了”，小两口慌忙不迭地给孩子录像，而宝宝忽然被绊倒一头栽向旁边的碎石堆，“哇”地大哭起来，妈妈这才冲过去抱孩子……

我们也正沿着石阶路走上他们逗留的小平台，我暗自惊呼，这么陡峭的山崖，还好娃只是一个趔趄摔倒。我忍不住向佑佑爸切齿嘀咕：“一家人都脑子有病！”

忽然想到，每当我想给佑佑拍照时，他总会抗拒，叫喊，“你别给我拍了！”然后他转过身去极度不配合。其实我们都知道，孩子并不喜欢拍照，喜欢拍照晒照的，是我们大人。

你可曾想过，少了朋友圈的炫耀和赞叹，我们的生活并不会有所缺失。而少了全心全意地陪伴孩子，你所错过的构建亲子关系的黄金时期一去不返！

3

某天，佑佑爸开车带我们去兜风，在狭窄的街道转角，被一家三口挡住了路，佑佑爸按响汽车鸣笛，这时候，小女孩儿趔趔趄趄地跑向路边，而她的爸爸妈妈，却盯着手机纹丝不动。

佑佑爸依然开不过去，忍不住骂："看个手机，娃都不管了，这孩子是不是亲生的？！"佑佑爸又重重地按了一次鸣笛，小女孩儿警觉地回头看我们，她抱着妈妈的腿晃动，也只是换得妈妈瞬间的一瞥。

我们等了三五分钟，这小两口，一直横在道路中间看着各自的手机。佑佑爸愤怒了！他打开车窗吼："你们能让一让吗？！"这俩人才恋恋不舍地抬了一下头，挪向路边，我们才总算是开过去。

我回头看去，那一对年轻夫妇，又迅速地低下头，边走边看手机，小女孩儿在中间忽左忽右地蹦跳向前。

佑佑爸从后视镜看到这一幕，忍不住爆粗口。我却唏嘘不已，有多少年轻的父母，自顾自玩手机的时候，却置孩子于危险而不顾？

4

那是我们带佑佑去当地的妇幼医院看病，快轮到我们时，忽然，一家人火急火燎地冲进诊室，妈妈满脸泪痕，抱着两岁多的女儿。一直排在我们前面的男人，是孩子的爸爸。

原来，小女孩儿误吞了老鼠药！

妈妈口述完病症，忍不住指责孩子爸爸："我就打个电话，让你看会儿孩子，你就光顾着玩手机，打游戏！"

家里的老人打断她："先问医生现在怎么办，说这些有什么用！你们俩到底看见孩子吃没有！吃了多少？！"

这位妈妈边抹泪边跟医生说："不知道吃了没有，就是见她手里拿有，医生，怎么办啊？是不是要洗胃？"

医生看向孩子爸爸，似乎是想询问孩子爸爸能不能确定孩子吃没吃，可是孩子爸挠挠头："我……我……没注意……"妈妈从这一侧狠狠地剜了他一眼！

医生仔细地检查了小女孩儿，最后下结论："先观察，如果不呕吐不昏迷不要紧，有异常了及时住院洗胃！"

可是这家人从县里赶来，妈妈央求："如果真的吃了，现在不洗胃会怎样？能不能直接就洗胃？"

孩子爸爸在一旁安慰："我们听医生的，先观察吧，也不一定吃了。"

我能理解这位妈妈，谁忍心孩子受苦，但是，每个妈妈都想让孩子尽早脱离危险，因为，赌不起！

我不知道此刻孩子爸爸心底有多后悔多后怕，多么希望时光倒流，那么，他一定不会因为玩手机而忽略孩子。

5

那天清晨，我把手机遗忘在沙发上，佑佑眼疾手快摸到了。

我一面慌张地走向他，一面吆喝着“你帮妈妈拿好了”，而出乎我意料的是，佑佑却充耳不闻，他举起手机，似乎是用尽了全身的力气，狠狠摔向地板。

佑佑大喊：“我不喜欢它！”

我无语透了，冲过去看手机，屏幕已经彻彻底底碎成渣！

虽然怒火中烧，我却默默地坐回沙发，搂抱佑佑，问他：“为什么不喜欢？”

佑佑挣脱我的怀抱，气鼓囔囔地说：“妈妈光看手机不看我！”

我才忽然意识到，这两日，忙于处理积压已久的事情，陪佑佑玩耍，要么交给佑佑奶奶，要么交给佑佑爸。他日常见到我的姿态，要么是妈妈在电脑前敲键盘，要么是妈妈正埋下头看手机。

我疏忽他了！他怎么可能不愤怒？！

我心底生出许多愧疚，紧紧拥抱他，道歉：“宝贝，对不起，妈妈不看手机了，陪你玩，好不好？”

佑佑抱着我的脖子，开心雀跃，他趴在我耳边说：“好！”

然后他又小心地看向被我扔到桌子上的手机，问：“妈妈，手机摔坏了没有？我以后再也不摔了！”

那天夜里，佑佑在睡梦中，手舞足蹈，嗷嗷尖叫：“妈妈，你别打电脑了，妈妈，你别看手机了，妈妈，你看看我！你看看我！妈妈光看手机不看我！”紧接着嘤嘤哭泣。

我看着微弱光线中蜷缩一角的他，心底满是对自己的责备。我震撼，妈妈对孩子的忽略，究竟是多么大的伤害？！

我安抚他睡下，自己却靠坐在床头深深思索，我何必慌张着去铺垫重入职场的道路，本末倒置地挥霍着永远不可能再来的这三年专心陪娃的时光。

我暗自下决心，与手机划清界限！

6

我们总是以为，孩子尚小，并不懂得。

我们总是以为，时光很多，来日方长。

我们甚至总是以为，那些在新闻中命悬一线的故事，充满了愚昧无知，且似乎是危言耸听。

我也曾以为，那些诸如“金华东阳的张先生玩手机竟浑然不知女儿从三楼跌落一楼”的故事离谱又遥远，然而我却眼见着身边的一幕又一幕……我多么期盼孩子们都能化危为夷，却更期盼所有看护者都觉醒自律。

那么你呢？你有多少次，忽略过娃的焦躁，漠视着娃的抗拒，冷落了娃的期望……但愿，你不是那样的父母，否则你真的更适合养育一个名叫“手机”的孩子！

愿我们，都有这样的耐心和专心，陪孩子，远望红彤彤的落日，慢走脚底下的石板路，等微风吹过树梢，听一曲夏日的蝉鸣，看一朵花的盛开，穿梭过每一个春夏秋冬……

低质量的陪伴，不如不陪伴

1

前些天带着儿子小树去淘气堡玩，玩了一会儿，他又看中了旁边的沙池，我们又去沙池玩耍。

我们过去的时候，已经有一个三四岁的小男孩在玩，等我们进去之后，又涌来了五六个小朋友，有些狭小的沙池一下子就拥挤起来。

小朋友们开始各自搜索心仪的玩具来玩沙，小树也找到了心爱的漏斗玩具，专注地玩起来。

这时候，我听见先来的小男孩的妈妈正在大声地责备孩子："你是第一个来的，你想要的玩具不先拿好了，早干什么来着？"小男孩诺诺地不敢答话，只好继续坐到一旁。

可是他大概还是想要其他的玩具，就坐在那里东张西望。这时候，小男孩妈妈的声音又继续响起来：“要玩你就好好玩，不玩咱们就回家，在那乱瞅什么哪？”

小男孩没有理妈妈的话，站起来向一个小朋友走去，他想玩那个小朋友的玩具，却犹豫着不敢开口，又回头看向妈妈。妈妈还是之前的话：“你第一个进来的，不找好想玩的玩具，现在说什么都没用，玩你自己手上的玩具吧。”

小男孩默默地退了回来，坐在妈妈身边，开始用手里的小铁锹铲着沙子，想要清理出一片空地来。

清着清着，妈妈又一把抢过了小铁锹说：“你想要清出块地方是吧，我给你清，天天玩这些东西，也不知道有什么好玩的。”然后又问：“要清多大？这么大够吗？”然后她手中的动作继续着，小男孩有点不知所措，又一次走开了。

小男孩妈妈口中的指责依然没有停止的意思，还在不停地唠叨着孩子的不是，过了一会，小男孩就随着妈妈离开了。

整个过程让我瞠目结舌，我不知道这个妈妈内心有多少怨怼，需要用不停的言语指责才能发泄出来。但我看到的是，小男孩在整个玩耍的过程中，收到的不快远比快乐要多得多。

我相信每一位妈妈都是爱孩子的，愿意陪伴孩子到游乐园玩耍，当然是希望孩子能够感觉快乐。但是像这样的玩耍体验，我想孩子的内心一定是索然无味。

2

陪伴，不仅仅是用你的时间，去和孩子做同一件事。在陪伴的过程中，体现的是作为父母的智慧。

从孩子出生起，我们都知道这个小小的人儿需要我们的陪伴，他一刻见不到妈妈就要紧张地大哭。而若你在，他就可以放心大胆地去观察这个世界。

有时候陪伴是静默的守候，你在他的视线范围之内，他便觉心安。哪怕你不理他，他也可以把手中的一个牙胶耐心地咬上半个小时。

有时候陪伴是重返孩童的奇迹，把自己变成和他一样大的小人儿，去体味那个小小世界里的快乐与美好。把自己单纯地当成是他的一个玩伴，抛开父母的身份，就和他一起尽兴玩闹、大笑。

有时候陪伴是贴心的守护，站在他的身后，鼓励他迈出人生的第一步。你的双手在他身侧展开，在他即将摔倒时，能够给他一个安全的怀抱。

总之，一切的陪伴，都是为了让孩子发现那个更好的自己，是让他在还不足以独立面对这个世界时，给他温柔的呵护和勇气。

一定不要忘记的是，陪伴是追随，而不是引领。你需要的是随着他的脚步去看他的世界，而不是急于领着他去被世界所接纳。

3

闺密小美是一位全职妈妈，这么说可能也不全对，因为小美同时还是一家报社的专栏作者，经营着自己的公众号。

我很佩服她安排时间的能力，对我而言，每个和孩子共度的周末，都无比忙乱，仿佛抽不出一点儿属于自己时间，所以对于全职妈妈的生活更是不敢想象。

小美向我传授她的育儿心得，当孩子认真做一件事的时候，你也可以拿起自己手头的事，和他一起做。很多时候，你专注的状态会影响到你的孩子，让他能够更好地投入到游戏中。

不是必须有互动才叫作陪伴，两个人在同一个空间里，做着各自不同的事，其实也是陪伴的一种。

有时候小美专心写作或读书，她的儿子也会拿起自己的绘本津津有味地翻看起来。当妈妈忙碌的时候，不到两岁的小家伙竟然学会了给自己找些事情来做。

当然，孩子也需要父母更多亲密的陪伴。比如和他一起玩耍，给他讲故事，陪他聊天，哄着他入睡。小美告诉我，陪伴孩子的时候，一定要心无旁骛，不能一边和孩子玩着，一边时不时拿起手机翻看，或是玩着玩着却总是跑去做其他的事。

而且在和孩子玩耍时，他们之间的交流大多是启发式的，跟随着孩子的节奏，时而鼓励他多做一次尝试，时而对他的小小成就赞扬鼓掌。小小男童精力无限，而小美有时也会陪着儿子玩追逐奔跑或是躲猫猫的游戏，每当这时，孩子都会无比开心。

4

陪伴也是有高低层次的，低质量的陪伴是仅仅以确保孩子的安全为目的，对孩子束手束脚，制止孩子的一切探索发现行为。这时候的陪伴就成了监视和控制，在这种陪伴中成长的孩子，注定难以获得愉悦的体验。

而更高质量的陪伴，是在确保安全的前提下，顺应孩子的发展规律，带给孩子更加愉悦的心灵感受。

陪伴不是家长仅仅附上时间就可以完成的功课。因为哪怕一个小时高质量的陪伴，也胜过一整天低质量的陪伴。

有很多父母，在陪伴的过程中，急于纠正孩子的错误。当孩子拿反了一本书，碰翻了一个小凳子，或是爬上爬下时，他们会“及时”地跳出来加以指正，忙着给孩子示范正确的做法。

殊不知，孩子的成长，正是在一次又一次的不断试错中，才能够得到甜蜜的成就感。

陪伴是出于爱，但别让低质量的陪伴，成为伤害孩子心灵的利器。如果陪伴不能够使孩子感到愉悦，那么此时，再多的言语沟通都不如静默守候。

陪伴一个孩子的成长，就像牵着蜗牛去散步。我们唯有慢下来，静下来，去感受蜗牛的视野，才能够读懂孩子世界里的美妙。

究竟是谁，
让人贩子有机可乘！

1

某个夏日的傍晚，带佑佑出去玩，他被广场边上的钓鱼池吸引。就在我们驻足停留的时候，一位年轻的妈妈带着女儿匆匆走来，小女孩闹着要钓鱼。

妈妈显然有些心浮气躁，她耷拉着脸，低吼："以后再也不带你出来了，玩吧玩吧，有什么好玩的！"

最终她交了费，小女孩也如愿以偿玩起了钓鱼。不过呢，这位妈妈忽然想到什么，她转身交代老板："你帮我看她一会儿，我去那边一下马上就回来。"

临走前她俯身对小女孩唠叨："你自己玩，别乱跑，妈妈去把咱的电动车骑过来，不然一会儿我还得领着你去广场那边骑车。"

小女孩的神色有些慌张，但是妈妈压根儿没在意，急忙转身走远了。

夜色早已降临，广场上人来人往行色匆匆。而这个角落里，一个耄耋老人，他是钓鱼池的老板，一个小女孩儿，她是被妈妈暂时丢下的小顾客。

我和佑佑奶奶相视无语，却心照不宣地对这位年轻妈妈的做法表示震惊。

你有多少次，把孩子交给压根儿不认识的人短暂看管？

你有多少次，把孩子留在娃娃城自己去试衣服？

你有多少次，跟人讨价还价把孩子忘在一旁？

你有多少次，在拥挤的超市出口结账而拽不住一门心思往外挤的孩子？

你有多少次，心存侥幸地认为，就一会儿什么都不会发生？

2

那天去蛋糕房，恰见一位妈妈带孩子在吃甜品。小女孩儿不小心打翻了牛奶，妈妈需要去吧台再点一杯。

她告诉女儿："你在这儿等着我，千万不要乱跑！"她说这话的时候，小女孩儿的身体已经从沙发里倾斜出来，或许是不愿意被单独留下，这个三岁不到的小女孩儿，她用小手撕扯妈妈的袖筒。

而妈妈，焦躁的情绪中，已经有些不耐烦，她拂掉女儿的手，又一次警告她："妈妈很快就回来，你坐好不要动！"

我忍不住问："你为什么不抱着她去？"那位妈妈愣了一下，然后抱着小女孩儿走向隐没在转弯处的吧台。

这时我才注意到他们桌上摆着的面包和小蛋糕。保洁走过来的时候，我提醒她："那一桌不要收，她们出去点牛奶。"

我才明白，也许这位妈妈只是想让小女孩儿看着他们的东西，又或者她只想速去速回。

但是，你有没有想过，你离开的哪怕是几分钟，被单独留下的娃又会出现多少种你无法预计的状况？

这家蛋糕房，我常带佑佑来，也总会遇到类似的情形，糕点吃到一半，无论是我还是佑佑要上厕所，我都会把所有东西收进袋子里，然后一起去卫生间。

另外点东西也不例外，要么我就喊服务员帮忙。我断然不会，令孩子遗落一旁。

那么，你们呢？

3

每逢天气晴好的节假日，从街头巷尾到公园内外，摆摊的，杂耍的，促销的……人山人海。这其中，不乏带孩子扎堆儿看热闹的人。

我们很少带佑佑挤人流高峰，但有一个周末，我们去公园溜达。

佑佑立马被公园里眼花缭乱的儿童游乐设施吸引得到处乱窜，我和佑佑爸一前一后围追堵截，生怕他跑出我们的视线，一刻都不敢放松。

末了，我只好抱紧佑佑不让他乱跑。忽然，旁边传来一声惊呼，“啊？我领错孩子了！”只见一妈妈转身飞奔去找自家娃了。

这边家长也才反应过来，立马从后面三步并作两步跟过来，指责愣在原地的小男孩儿：“你怎么不看呀，是不是妈妈，你就跟人牵着手走了，还走这么远？”你们还能再粗心大意一点吗？

那位领错孩子的妈妈，但愿她已经找到了自己的宝贝！

4

每次出门，佑佑都要带上一件自己的玩具，车或者球。有时候，边走边玩，不小心，球滚出去很远。

在熙熙攘攘的街头，我拽紧想冲过去捡球的佑佑，任凭他嗷嗷尖叫也不肯撒手。我总是说：“佑佑，那个球我们不要了！妈妈再给你买，现在我不能把你丢下去捡球！”

为什么这样？因为有一次，在公园里，佑佑新买的篮球，一下子蹦得特别远。

我拉着佑佑追了过去，球却在下坡的路段滚向更远处的草丛。佑佑停下来，喊："妈妈，你去捡！"我没多想就跑过去，当然不忘回头看佑佑。

可就在我背对着佑佑捡起球的一瞬间，我的心里忽然咯噔一下。

再回头，佑佑的一半身子被低矮的冬青树遮挡，我冲过去，还好他安然无恙，但我内心却有一个骇然的念头，我不知道，当毫无自保能力的他离我几米开外，在我转身的空当和看不见的背后，潜伏着什么样的危险？

5

那是个夏日的中午，天气燥热，我们去近郊的景区避暑。

因为时值暑假，景区里的人很多，道路两旁卖饮料的小摊子围了很多人。

这时候又来了一大拨人，有老有小，他们挤进去挑选自己要喝的饮料，挑完了又争抢着付钱。

大人们在客套，唯独把小推车里的孩子丢到了路中间。

佑佑爸忍不住骂："这帮傻×，孩儿丢了都不知咋丢的！"

我真想喊一嗓子："你们谁看孩子呢？！"

于是我和佑佑爸约定："以后，我们一大家子出门，游玩也好，吃饭也好，我就管娃，别的事儿我可都不管。"

人越多，带娃的责任越分散，越容易有疏忽！

6

我们从不喜欢凑热闹，但这个圣诞节，佑佑嚷嚷要去娃娃城，我们最终还是带他去转了一圈。

那天晚上，我们到的时候，娃娃城里的人已逐渐散去。

沙池旁边，有个大概四岁的小女孩独自玩太空沙，这时候工作人员来了，她们问："你妈妈呢？"

小女孩儿抬头看，却并没有找到妈妈的身影。

工作人员见状，极其冷漠地说："我们这个是收费的，得让你妈妈来交钱，要不你去别的地方玩！"

然后小女孩儿一面东张西望，一面碎步离开沙池。恰好我们走的方向一致，转到娃娃城的另一边，她也没有找到妈妈，就那么孤零零地，站在电梯口。

我心下一阵担心，这要遇见心存不轨的人怎么办？

我不知道那位小女孩儿的妈妈，是不是清楚娃娃城的收费规则。她又因为什么，竟敢让小女孩儿一人留下？

我不知道你，在见识了娃娃城工作人员的冷漠后，有没有生出愤怒和叹息？

你以为的社会责任，其实，谁也不可能背负！

7

有一天，在附近的街口，遇见同样带娃的老头子。

他孙子看上去和佑佑年纪相仿。老头子似乎备感亲切，就问我："你们多大了？"

这一类问题，我当然是打太极："估计他俩差不多。"

我抱着佑佑脚步不停，老头子牵着正在练走路的孙子，他朝我大声说，我们家是哪年几月几日生的，他妈妈就在对面楼里上班，是某某公司的……

这样的老人，我实在是见得太多了。包括佑佑奶奶，也是一开口就暴露娃的各种信息。

我离他很远，却忍不住提醒他："叔叔，你不怕我是人贩子？！还把娃的生辰八字都报给我！"

他愣了一下，冲我摆摆手说："你不是！"

我心想，人贩子脸上还写着"我是人贩子"？抱着娃的就一定不是人贩子？我站在特警巡逻车旁边就一定是好人？！

不过呢，我还怕你是人贩子呢！嘿嘿，赶紧朝我家佑佑爸狂奔！

8

某天，我抱着佑佑，邻居抱着她家小妞，因为在街头偶遇，就一起闲逛。

不知从哪儿冒出来一个中年妇女，她问邻居："能借我用一下你的手机吗？"

我以为是邻居的熟人，就自顾往前走了几步把佑佑放下来稍事休息。却见邻居有点儿懵，她犹豫了一下，一只手抱娃，一只手还摸了摸装手机的口袋。最后她说："我的手机停机了，打不了电话！"

我才恍然原来是陌生人。

邻居走向我，她说："竟然借我的手机，我才不让你用！万一你拿着我的手机跑了，我难道还抱着娃追你？谁知道你干吗的！"

忽然发现她还挺机智！邻居吐吐舌头说："我的手机里，可全是我家妞的照片呢！"

她说："我们带着娃，还是多一事不如少一事吧！街上那么多人，附近那么多商铺，她真有困难，也大可以借别人的。"

这句话点醒那个爱管闲事的我。

在贩卖儿童猖獗的今时今日，我们时常愤怒于法律的不严厉。但许多时候，你是否想过，究竟是谁？让人贩子有机可乘！

当我们的体系，尚且无法强大到对孩子的走失全面追踪寻回，那么作为孩子看护者的你，是否意识到，我们哪里做得不够？

你所疏忽的，究竟潜藏着怎样的未可知？

我们也许无法抵挡突然而来的袭击，但我们是否可以做到防微杜渐？

春运期间带孩子长途跋涉回老家，对于很多新手爸妈来说是一个挑战。

年底也是人贩子猖獗的时候，回家途中再混乱，也千万别放开孩子的手，别让孩子离开你的视线，哪怕是短短几秒。

“人越多，带娃的责任越分散，越容易有疏忽！”对这句话深有同感，我曾经在火车站看到一对发现孩子走丢了的父母，他们第一念头不是去找孩子，而是互相指责“你为什么不好好看着孩子”，两个人都想当然地以为对方在看着孩子，结果谁都没看住。

所以啊，以后每次出行，双方都约定好，一个人看好孩子，另一个处理旅途中的其他琐事。孩子的安全无小事，再谨慎都不为过！

第五章

爱·围城：婚姻是一场漫长的旅行

父母反对的男人，到底能不能嫁？

1

我的姐姐和姐夫是在高中时候相识相恋的，因为姐夫家里条件不好，高考也不理想，所以我的父母一直十分反对。

姐夫是一个挺老实本分的人，对姐姐也不错。而我父母反对的原因，主要集中在他的硬件条件和缺乏上进心上。

姐姐和姐夫恋爱十余年，一路走来，虽然遭到家人的强烈反对，但是姐姐始终固执己见。在妈妈的严防死守之下，依然与姐夫保持着恋爱关系。也许正是因为家人的反对，才将两个人推到了统一战线、一致对外的立场上，也或许是出于某种逆反心理，总之，姐姐和姐夫的感情一直很牢固。

直到姐姐大学毕业，参加工作几年之后。因为已经到了适婚年龄，而我爸妈虽然经过这么长时间的反对，却依然反对无效，也不得不接受了这个事实。

姐姐的态度一直很坚决，不论姐夫贫穷与否，她愿意和姐夫一起过苦日子，哪怕没有房子，没有像样的婚礼，甚至得不到家人的祝福和理解，他们都要在一起。

如今，两个人已经结婚7年了，我的外甥今年5岁，是个聪明活泼的淘小子，一家人虽然依然赚钱不多，但日子也过得有滋有味。

2

但我也知道，一切并没有表面上那么美好。因为这么多年来家人的反对，姐姐和家人之间的关系开始疏离，她从来都不会对我们表露生活上的困顿和迷惑，并决绝的不会向我们求助。

我父母看人的眼光也不可谓不准，姐夫确实是得过且过的个性，缺乏上进心。在我的外甥出生以来，因为姐姐是一名医生，不能够辞职，而姐夫一直以来工作不稳定，就自然而然地当起了全职奶爸。这也让我的爸妈颇有微词，父母疼惜女儿辛苦，觉得这个男人无法让女儿依靠，可是再如何心痛，也是无济于事。

毕竟，在婚姻中，即使父母也是外人，其间冷暖只能自知。

我也曾经设想，如果当初我的爸妈不是那么反对，事情将会是怎样的结局？

也许姐夫和我们家人之间的关系不会这么尴尬；也或许他们在情感路上没有障碍反而会专注于彼此之间的矛盾分歧，未必走到如今的长远；也或许他们能够把精力更多地投入到事业中去，从而拥有了更优越的物质条件……

当然我也曾经设想，如果当初姐姐和姐夫真的分开了，会发生什么呢？姐姐可能会一生对父母心存怨恨，对未能圆满的爱情充满遗憾。如果她能过得幸福，那么自然很好。可如果她在婚姻中遇到了什么困境或是背叛，她是否会懊悔当初的放弃。

而若姐姐嫁给了父母满意的人，可父母却是看走了眼，谁来为她的幸福买单？

3

每一个人都无法预测命运的走向，即使是父母，也无法确保孩子一生无忧。而更加无法左右的，是人内心的感受，别人以为的幸福，可能于你而言，根本毫不在意。

有些时候，你甚至明知是错，却也想亲手一搏。你明知道他不够好，甚至他可能不够爱你。可爱就是爱了，迷失在爱情里的你，无论如何也放不开那握紧的手。

我几乎可以确定的是，面对父母反对的男人，嫁与不嫁都会有遗憾。

嫁了，是背叛父母，承受来自家庭的压力，也必然面对新的家庭与原生家庭之间不融洽的尴尬局面。而且当初的决绝，让人无法后退，无论遇到什么困境，你都无法向父母再去倾诉。也是这一个决定，让你必须为自己的选择买单，从父母庇护的小公主一夜长大。

而若不嫁，人生怎会有一帆风顺，你无论嫁给了谁，都会在某次争吵后的午夜梦回，幻想如果所嫁的人是那个错过的他，必会比现在幸福百倍。

上天的公平在于，每个人都被赋予一次生的机会。如何让人生不虚度、不悔恨，全部在于你自己的选择。对于父母的建议，你拥有筛选、过滤和取证的权利，同样的，你也拥有做主自己人生的权利。

而于父母而言，请把选择的权利归还给子女，毕竟爱的捆绑，也是一种束缚。不让他自己去搏击风浪，你有限的人生，又如何为他抵挡全部的风雨？

没有彩礼，你的婚姻就无法幸福了吗？

春节前，河南汤阴县因为彩礼引发了一场命案，靠几亩薄田和打零工维持家用的老汉，硬着头皮给儿子借债买房买车凑彩礼，背债二十多万元，娶媳妇。没想到，新婚夜小夫妻因为彩礼发生激烈争吵，新郎竟然用锤子砸向新娘的头部致死。

“儿子娶媳妇，爹娘脱层皮”就够心酸；一场婚事，毁了两个年轻人一生，更是让人叹惋。

最新版本的“全国彩礼地图”又蹿红各大媒体，引起热议。有随着物价十几倍攀升的，也有多地出现零礼金，或等礼金的，也就是双方父母一起为小夫妻准备房子、车子等大件必需品，彩礼和嫁妆基本相等。

有的地区依然陋习难改，有的地方已经开始移风易俗。

彩礼的状况跟中国的地势呈正比，西高东低，跟经济发达状况呈反比。

我想讨论的是为了结婚而要彩礼到底意味着什么？是不是就像我们所说的有检验感情、挣得面子那么必要？另外相当一部分为了彩礼而结婚、意图发家致富的，限于篇幅，不做讨论。

彩礼考验爱情?

很多女性朋友会认为，婚前要彩礼，能够测试出未婚情侣的信任和感情。

其实，这所谓的考验，大多是以牺牲爱情的健康为代价的。是不是真的在乎你，是考验不出来的。顶多能考验出一个价格区间，也就是在乎的范围。

朋友梅子正在经历离婚，她跟我说得最多的话就是“当初不该跟他们家要彩礼的”。这里说的“他们”，指的是她现在吵吵闹闹、感情严重不合的老公家。

梅子从学校毕业后，就嫁给了现在的老公。单纯，基本属于少不更事的那类。结婚那会儿完全不知道彩礼的行情。但是，父母告诉她，轻易娶回家的媳妇，婆家会轻看，不好好对待。她想，也有道理。人为了得到一件东西，得付出一定的成本，用起来就会越珍惜。

咨询了两位女友结婚时要的彩礼，一个六万元，一个十万元。于是，她跟父母商量后，要了八万八千八的彩礼。

当时还是未婚夫的老公，跟父母商量后，很顺利地应允了。

她结婚后，再跟我们一帮朋友聚在一起的时候，一个已婚的姐妹告诉她，彩礼要少了，像她这样，离家几百公里，也算远嫁，房子、车子、钱都得在婚前提出要求，为自己以后的生活多一些保障。她老公家底殷实，多要点不算什么。

梅子没心没肺地嘿嘿笑了两声，说：我还一直担心会不会要多了，又不是为了挣钱，也不跟别人比。

但“付出成本，才珍惜”这个道理真的仅限于东西……不适用于人。

婚后她跟老公吵架拌嘴、矛盾升级，她很压抑、想回娘家住段时间，老公说我们家为了娶你花了八万八千八，你要是回娘家，应该你给我们家钱。

在生活的各个方面，她没有让老公满意，没有好好做家务、没有主动关心他，甚至是夫妻的性生活，她老公都会说，我花钱，把你娶回来，你们家得到了钱，也得让我得到我想要的东西才行！

因为家庭琐事，她和婆婆闹矛盾，老公找到工作单位，拖着她回去跟婆婆道歉，当众吐她口水，责骂她。

在梅子看来，是她开口要彩礼，将一段感情变成了一场交易。在她老公的心里，她似乎变成了花钱买来的一件东西，只不过东西并没有自由意志，可以随意被支配，而她是个有血有肉、听着刺耳的话心会滴血的人。

彩礼变成了婚后攻击梅子的武器。

我们没有办法保证，任何一段婚姻都建筑在坚如磐石的感情基础之上。若感情薄弱，经不起考验，即便能过彩礼这一关，也过不了婚姻这一关。而任何婚姻的结合，最重要最终极的目的不过是：一生相亲相爱。

在梅子那里，彩礼变成她婚姻遭遇挫折的替罪羊。其实，彩礼只是加速了她婚姻的速朽。她只是看错了人，她最应该握在手里的不是彩礼，而是尊重。

要不要彩礼，还关乎一个“中国式孝顺”

前段时间，一个好友和男朋友分手了，其中一个原因是谈婚论嫁的时候，谈彩礼谈崩了。女友家里要二十万元彩礼，她跟我的对话是这样的：

我：你喜欢你的男朋友吗？

女友：喜欢！

我：二十万元对他来说压力大吗？

女友：大。

我：你们家缺钱吗？

女友：不缺。

我：那你要那么多干吗？

女友：我妈说是面子问题，必须要。不然她心里难受，觉得把女儿送给别人了。

我：为了你爸妈的面子和心里舒服，让你和男朋友分手，你分不分？

女友：不分。

我：现在因为彩礼，你和男朋友闹得不愉快，你和你男朋友爸妈也不愉快，以后真结婚了怎么好好相处呢？

女友：我也知道，但是我爸妈非得要。

我：你爸妈为什么要这么多啊？按照男方家里说的，双方家长买房买车不就可以了吗？

女友：我妈说，要彩礼后，再给等量的嫁妆，按照彩礼，以嫁妆的形式原数返回。

我：既然要换一下，干吗要呢？你要了，男方就觉得他们好像是花了几十万元买了个媳妇。

女友：那不要，我爸妈没面子，感觉白养我了。

我：那要不你们家别要，直接买房买车。如果为了面子问题，亲戚问的时候就说彩礼二十万元不就可以了。

女友：不行，我爸妈说了不是钱的事，是一定要彩礼。

对话陷入死循环……

听说他们为了彩礼要分手了。

因为彩礼，不是因为钱。

彩礼会以嫁妆的形式返回去。

既然要返回去为什么还要?

因为彩礼是爸妈的面子……

婚姻有它的远方，不要只看眼前的苟且

彩礼只是婚姻的锦上添花，没有花的婚姻，还有可能一片锦绣，抽丝绣花那就筋骨全无、得不偿失了。

每一个要步入婚姻殿堂的女生，都希望嫁给一个爱自己一辈子的男人。每一个目送女儿离去的父母，都希望看着女儿的婚姻和和美美、长长久久。

彩礼也可以是小夫妻婚姻生活的启动资金，双方父母愿意将积蓄资助给白手起家的小家庭，需要感恩，而不是予取予求。

彩礼，独独跟爱情无关，跟对方是不是在乎你、你在他心里有多少分量无关。现代文明中，彩礼，就只是钱的问题。

如果，他在乎你、爱你，会赤诚相待，拿得出彩礼，就会帮你去做他父母的工作；拿不出彩礼，他会好言好语地跟你商量、寻求折中之道；反过来，他拿出彩礼，并不能说明，他会在婚后，好好地爱你。

既然，大家都公认，爱情很美好，因为它仅仅是两个人

的事情。婚姻很复杂，因为是两个家庭，加上闲言碎语，简直是两个家族的事情。

那么，明智之举就是让婚姻尽量接近两个人的事！

对于年轻人来讲，最理想的结婚就是：

晚一点结婚，等自己具备一定的经济条件；

没有彩礼，也不用嫁妆；

戒指、首饰自己攒钱买；

婚礼酒席钱自己拿；

蜜月旅行自己存钱去；

房子车子一起攒钱买；

自己攒钱养娃……

不花父母省吃俭用的辛苦钱，从心里减少对自己父母的愧疚感，也就减少了搜刮对方父母的嫌疑，自然就可以收获积极的评判，理直气壮地拒绝所谓传统习俗的绑架，养一份健康的爱情和婚姻！

婚后变得不幸福？
变的是人，还是心？

1

外出旅行的时候，有没有遇到这种情况：兴致勃勃地去了，可玩了两三个小时，还没见到你所向往的美丽景色，打了退堂鼓想要回去，可想着既然来了，再坚持走一会儿吧，在丧失希望的时候，美景又忽然出现在了眼前。

总是意外的风景给了惊喜，又有一些向往的地方让人失落。

特别是在爬山的过程中，总喜欢问那些从山上下来的游客：上面有什么好的景色没有，还有多远，好玩吗？

得到的答案也是不尽相同的。

就像我们去同一个景区，季节不同，看到的景色也不相同。更何况是不同的人，不同的心境。

这多么像婚姻中的我们。

刚结婚时的他，和现在的他，差距怎么会这么大？

那时并不喜欢的他，并没有爱上的，婚后竟然爱上了。

而有的因为爱情而走进婚姻的，却慢慢地不爱了。

是他变了，还是你变了，还是爱情变了？

那时的他对我那么好，现在的他怎么会这样？

那时候的他完全不是现在这个样子！

他变了吗？或许没变，变的是你的眼光，你的看法。

婚姻中的阶段不同，我们对待另一半的看法也是不相同的。

有的刚结婚时，是因为爱情。

有的步入围城，是因为年龄见长。

而有的走进婚姻，是奉子成婚，因为一份责任。

不管是什么原因，既已成婚，他都走进了你的生活，成为你生命中的一部分。

他在你的眼中，是什么样子的呢？

勤奋上进，热情大方，开朗，稳重，有责任心？还是自私，小气，内向，懒惰？

曾有人说过：婚姻中的两个人，事实上是有四个人存在的。

你，他眼中的你。

他，你眼中的他。

事实上的你和他，和对方眼中的你和他，能够相协调统一吗？

你眼中他的那些优点和缺点是不是在某个特定的阶段，有的被主观地人为放大，有的忽视不见。

2

晓方初入围城时，和爱情无关。

可她现在的婚姻很幸福，没有爱情为基础的婚姻，照样也可以结出幸福的果实。

前几年，她可是资深怨妇。

当初因为男大当婚女大当嫁，遇到了不讨厌也不喜欢的小林，凑合在了一起。

婚后的生活，跟婚前无异，没有归属感，这是许多人不幸福的一个重要原因。

那时晓方眼中的小林，呆板、木讷，实在无趣至极。

别人都在结交人脉、呼朋唤友，而小林好似活在另外的一个世界，整个一木头脑袋，不开窍。就连当初吸引她的书卷气，也被她称为书呆子。

小林下了班就去买菜，做饭，标准的当代居家男人。朋友们夸小林顾家，晓方的评价是：胸无大志。作为基层职工，下了班不陪陪领导，如何升职加薪？再努力用功，领导看不到，不是也枉然？

如果说婚姻是一场投资行为，晓方感觉自己投错了地方。

小林还有小心眼的毛病，令晓方无法忍受，加班晚了，回家总要被盘问许久。

牢骚满腹的晓方，婚后那几年就是典型的怨妇，而她眼中的小林，也是百无是处，缺点被无限放大，优点视而不见。离婚呢，倒不至于，只是婚姻带来的幸福感与归属感她体会不到。

有一年小林的单位集资盖房，和领导关系好的都排在了前面优先选房，没有事先活动的小林只落了位置最不好的小房子。

晓方动用各种关系去找相关领导调了大房子，却被小林误会去施展美人计。晓方大吵一架闹着要离婚，她再也无法忍受这压抑沉闷的婚姻生活，更不想和这样的人共度下半生，第二天搬了出去。

两人约定暂时分居三个月，如果还感念对方的好，那就一起生活下去，如若不然，离婚分手。

两人分居了，可因为孩子和财产，再联系是免不了的，吵架也避免不了。吵架也是沟通的一种方式，总比之前晓方把牢骚和不满说给朋友听要好得多。

两人把藏在心中的不满和怨气统统发泄了出来。这些年积攒的新愁旧恨，委屈和不满，全都竹筒倒豆子，说给了对方。

你不说，他怎么会知道你的所思所想，你的感受？

未等三个月，只两个多月的时间，两人就冰释前嫌，和好了。

是比以前更好了。

他的小气，是因为在意，是可以被理解的，也更是应该被原谅的。

他的顾家，也是难得，更是应该懂得珍惜的。

他的不开窍，是在这个浮躁的社会中，难得的一身正气，也是值得被尊重的。

他还是呆板木讷，一样的无趣，只不过偶尔也会幽默一回。

他还是以前的他，并未改变，只不过你看他的眼光变了，你对他的看法变了，他便不再是以前的他。

婚姻是否幸福，不是取决于你和他，而是取决于你眼中的他，他眼中的你。

3

我们常说恋爱中的人智商为零，情人眼里出西施。

爱情中我们总是带着欣赏的眼光去看待他，他被无限地放大、“美白”，就像一张图片，脸上的斑点可以处理掉，胖的可以修成瘦的，矮的可以变成高的，被加工处理过，没有了瑕疵，完美无比。

网恋很容易“见光死”，是因为现实中的他和你眼中的他并不是同一个人，你眼中的他，太完美，而现实中的他，太普通。没有生活中的柴米油盐，没有日常生活中的琐事打磨，那只是一种柏拉图之恋，没有温度，没有基础。

婚姻需要磨合，需要你用欣赏的眼光，去发现另一半的好，可现实中，我们最常做的就是：用挑剔的眼光，去发现他的不足，这对于自己，又是一种多么大的惩罚。

对他的不满和意见，讲给对方听，让他知道你的感受，他在你眼中是一个什么样子的人，虽然未必你眼中的他就是现实中的他，但是，你一定要告知他。

许多朋友牢骚满腹，只闷在心里压抑着自己，宁愿找朋友去倾诉，也不和他去进行有效的沟通，这样做于事无补。

你眼中的他，还有他眼中的你，未必是现实中的他和你，这需要我们去沟通，去纠正，去改变。

婚姻中的我们，大都是戴着有色眼镜来看待对方的，如果把挑剔的眼光换成欣赏，改变了你的看法，婚姻的幸福指数就会上升。

婚姻中的两个人，你和他，还有婚姻中另外的两个人，你眼中的他，和他眼中的你，在决定着婚姻是否能够幸福长久。

老婆的病，
90%都是被老公气出来的？

1

下班和同事一起乘地铁，她告诉我今天快被老公气死了。

她老公今天调休，她便让他接送孩子。结果早上八点半时，幼儿园老师打电话问她为什么没送孩子。她感觉十分诧异，明明老公有答应送啊，她忙给他打电话，老公解释说，不小心睡过头了，正在给孩子穿衣服。

她于是特别生气，送孩子去幼儿园这么简单的小事儿都做不好，这也太不靠谱了吧？

我听后却一点儿也不觉得意外，因为老秦也做过一模一样的事情！那天老秦下班早，我便让他去幼儿园接孩子，我也接到了幼儿园老师的电话，问我为什么家里没人接孩子。

我忙给老秦打电话，他说到家后有点困睡着了。

我当时也感觉快晕过去了，让你接个孩子，你都不能按点儿去接，这叫啥事？我当时也是非常生气，恨不得把老秦抓过来揍一顿。

同事问我遇到这种情况一般怎么处理，我说当然和他吵一架发泄不满啊。

“那老秦什么态度？”

“一句话不说，通常我很生气的时候他都是一句话不说。”

“哇噻，老邱也是。”

“然后我就更加生气，我说，我和你说话呢。”我说。

“他就说，你想让我说啥。”同事不由自主地接下去。

“简直是神似啊，难道他们是失散多年的亲兄弟吗？”我不由得追问。

“我猜有可能是，要不要拉他们去做个DNA？”同事大笑着建议。

话匣子打开，我们全力开启了吐槽老公的模式。我说，有一次，我买了牛肉，想做土豆炖牛肉，让老秦帮忙洗菜，老秦却说：“我不饿，也不想吃。”

一听说他不饿，我就打算晚上再做土豆炖牛肉，于是做了份简单的蛋炒饭，我和孩子吃完饭时，老秦已经呼呼大睡了。

两个小时后，老秦起床开始穿衣服，我说你去干吗，他答“饿了，去外边吃饭”。

我一听就气不打一处来，刚让你帮忙做饭，你说不饿，现在却要去外边吃？

“老邱也经常这样，其实不是不饿，就是懒得做饭，宁可过会儿一个人去外边吃。”我原以为只有老秦才能做出这种事，我简直惊呆了，天啊，难不成男人都这样？

我们继续聊，发现他们还有很多共同点，比如，拖地之前从不扫地，洗碗时不洗锅，让干点儿啥叫了半天人家就是不动……越说越觉得像，如果不是我见过她老公，她也见过我老公，我觉得我们嫁的可能是同一个老公！

2

心满意足地吐槽完自家老公的第二天，我就看到那篇《同一个世界，同一个老公》的热文，这篇文章也是对老公各种吐槽，我惊讶地发现，天啊，不止我和同事嫁了同一个老公，原来天底下大多数女人都嫁了同一个老公，比如里边举例说：

老婆：你在网吧通宵吧，今天不用回来了。

老公：哈哈，今天对我这么好啊？

我出差，让他看冰箱里香蕉是不是坏了。

他看完之后回答说：坏了。

我出差回来烂香蕉还在冰箱里。

我：水烧开了。

我老公去看一眼：对，是开了。然后回来。

我：那你在干吗？关火啊。

他去把火关了，又回来。

我：关完不把水灌壶里？

他：那你一次性说完啊，害我跑三趟。

我：？？？？

我爸去热饭的时候，把粘在锅下的塑料垫烧着了。

他第一时间跑去卧室把我妈喊醒说：你快去看！锅着了！！

看完这些活生生的段子，我相信大多数女人都会哭笑不得，然后还会产生一种似曾相识的感觉，这TM不是我老公做的事儿吗？所以，男同志们都等于一根筋（or单细胞），以至于都是气死人不偿命的小能手吗？

3

以前我婆婆和我公公吵架，经常挂在嘴边的一句话是：

“我的病都是你气出来的。”

我婆婆是身体不太好，但如果说都是我公公气出来的病，这也太滑稽了吧？可随着和自家老公相处的日子渐长，我发现，唉呀妈，很多时候真是被他气得肝疼肺疼，而人家，却跟没事儿人似的。

前两年日本人流行“夫源病”这个概念，日本知名的夫源病专家、医学教授石藏文信从丰富的临床经验中归纳得出结论，老婆的病，90%都是被老公气出来的，这种“来源于丈夫的病”简称“夫源病”。

书中还说：“当今社会的离婚率居高不下，夫妻冷战和吵架的情况屡见不鲜，不顺心的婚姻生活会让广大女性朋友感到烦躁和焦虑。如果这样的心理状态一直持续，健康势必受到影响。”原来被老公气出病来竟然有科学依据？

不过话说回来，相对于老公，老婆是比较容易被“气到”。我觉得之所以发生这种情况，很大一部分原因是男女关注点和思维方式有很大不同引起的。

台湾的洪兰教授更是以生动形象的例子用脑科学剖析男女思考的秘密。洪教授还分享了两张男女大脑的图片，其中的“胼胝体”是连接两个脑半球的“桥”。情绪在右边，语言在左边。

女生的“桥”较男生厚一些，左到右，右到左跑得更快。男生说话左脑前区亮起来，女生说话两边都会亮。

所以女生更擅长把情绪用语言方式表达出来。同时，男生制造血清素的速度比女生快百分之五十二，这也是他们为什么处理情绪比较快，而女生处理情绪则较慢，甚至容易抑郁。

这也就是为什么天下老公是兄弟的原因，因为他们大脑构造就是那个样子的啊。可是，如果真的被老公气出病来，是不是也太脆弱了一些？

大脑结构和思维方式都是很难改变的，因此引发的一些小矛盾、小摩擦，如果总上纲上线，那生活估计只能鸡飞狗跳了。即使你们嫁了“相同”的老公，你还是会发现，有些女人更容易幸福，这是为什么呢？

比方明白了他们一根筋的原因后，我现在处理和老秦之间的问题有两条原则：首先我在想什么不让他猜，想要什么直接和他说；其次需要他做什么，下达指令时，越明白越好，比方，让他帮忙买菜就直接列个单子给他。

前段时间还流行一个观点，你找什么样的人，决定了你的生活质量，但自己的情绪终日受老公影响，动辄因为他做了什么生气，情商是不是低了点？无论嫁给什么样的人，女人都要努力提升自己的幸福指数，努力让自己心平气和，有意识地控制、改善自己的情绪。

记住，你快乐，孩子才快乐，家庭才更容易幸福。

好老公还是好儿子，这是个问题

都知道一段婚姻关系中，男人在这个家庭中承担着非常重要的角色。

我妈是属于那种在婚姻中特别弱势的女人，记得她有一次说过的话，让我记忆特别深刻：要是当初你爸能给我“垫好了地基”，我这一辈子的婚姻，也就不这么累了。

是的，我妈这辈子就是累。

其实我父母之间也没有什么本质上的矛盾，可是日常生活中，总是觉得我妈有那么一点点弱势，说的话从来不占分量。

奶奶的强势，压倒了家中所有想要发言的人。在我们家，奶奶就是老大。

话糙理不糙，我结婚后也深深感受到了这一点。

其实我婆婆吧，也是那种比较强势的大女人。家里家外的一把好手，说话雷厉风行，声音也很大。

刚刚去他们家的时候，我那婆婆还真给了我个下马威。

你说这男女谈朋友的时候，有很多受到家庭的阻拦。我婆婆就属于那种不咸不淡，说话煽风点火的人。

第一次见面，大概是觉得我体形偏胖了一些，就提醒了我老公一句：你媳妇儿太胖了啊，你得监督她减肥，这影响健康的。

当时一屋子人呢，我面子上也实在是尴尬。

事后，老公安慰我，说他那妈就是直肠子，说话向来不经过大脑的。

可是心里多少还是有些不舒服，丑媳妇儿见婆婆，第一次就当面直指缺点，真是让我有点儿接受不了呢。

谁家媳妇儿被婆婆说胖心里好受啊，之后我努力减肥，也是为了堵住婆婆的嘴，以免今后再有这样的尴尬。

结婚前还是瘦了下来，心里也明白，婆婆是嫌我学历不如老公高。

结婚的那天晚上，老公喝了点酒。站在司仪台上拿着话筒发表了一番肺腑之言：我这辈子，就认定我媳妇儿一个人。疼她、爱她、尊重她。我希望我的家人也能疼她、爱她、尊重她，她很善良的，也很懂事，所以大家多多关照啊！

那一番言论，简直比我们婚礼上的互相表白更加让我感动。

不知道他那天晚上是借着酒劲说出来的心里话，还是为了给我撑腰？总之，婚后我和婆婆相处得无比融洽。

恰恰就是应了我妈的那句话，我老公把婚姻的地基给我打好了。

结婚的那天晚上，他向全世界证明了，我是他最重要的女人。

也许是因为婆婆受到了我老公真情流露的影响，我们虽然一直在一个屋檐下生活，但是相处得却十分融洽。没有摩擦，就算有的时候在生活问题上有一些分歧，也会很快就被老公化解掉。

直到我们有了自己的宝宝，家里实在住不开了。我们买了一套小面积的房子，三口之家才搬了出去。

其实过了这几年日子，我在婆家地位不减的秘诀主要是因为有一个好老公。

老公不光光是对我好，还是出了名的孝顺儿子。

他对我和婆婆都非常好，才让我们娘俩的关系十分融洽。

是好老公，也是孝顺儿子

男人在一个家庭中占有主导角色。

不能做妻管严，更不能是妈宝男。这句话一直被老公作为口号时刻倡导着。

老公的确是个非常有“婚姻智慧”的人，婚后的人都说两个人的结合，并不是两个人的事情，更多的是两个家庭的事情。

尤其是媳妇儿在婆家更是难做人。

要说决定一个家庭气质的是女人，那么决定这个家庭和睦的就是这个家里的男人。

老公总是在暗中给我鼓励，说很多男人结了婚娶了媳妇儿就成了妻管严了，可我却是一个明事理的姑娘，总是鼓励他去孝顺公婆。

聪明的媳妇儿，比如我也总是配合他夸奖他说得对。其实我们都知道，这就是婚姻里的互相尊重。

男人在婚姻中，最重要的是充当双面角色

讲个小故事。

婆婆每晚都晚睡的，有一段时间我每天晚上临睡前都会给她热一杯牛奶。

我这个人三分钟热度，一件事情坚持一段时间就会半途而废。加上那段时间经常把方案带回家做，热牛奶的事儿就断了。

婆婆突然享受不到睡前牛奶了，自然有些小情绪，可是她从不会对我表露。

有一次我去公司的路上折回家拿资料，偷听到了婆婆和老公的对话。热牛奶只是引子，那意思说我对她不太细心。

老公的回答却十分站在我这边，先是埋怨妈妈小肚鸡

肠，一杯牛奶而已，现在的媳妇儿早就不时兴三从四德那一套了，她完全可以自己热。然后又给了她个甜枣儿，说我晚上要请她吃西餐，对最近对她的冷落表示歉意。

虽然有点小气，觉得老公不该用我去撒谎，我根本没说过吃西餐那话。但是想到他站在我立场上为我说的话，心里就顿时对老公的情商佩服得五体投地了。

那天晚上，我自然顺应他演戏，陪着婆婆吃了一顿丰盛的西餐。老太太最后高兴，还抢着结了账。

这完全充分体现了一个男人在婚姻中的智慧。由小看大，只有男人尊重自己的另一半，并且让家人感受到自己对妻子的爱，才是一个家庭和睦的基础。

例如这样的小心思和故事，在我们家还有很多，时常上演。

过了这几年的日子下来，真心觉得，主导家庭和睦这件事儿，有时候真是妻子的丈夫，母亲的儿子的事儿。

婚姻中的男人，能承担家庭的重任要体现在多个方面。除了能挣钱，还得能处理好家庭关系。

男人是一个家庭的黏合剂，男人多在自己的妈和媳妇儿之间调和是很重要的事情。

所以，存在婆媳问题的家庭，除了从婆婆和媳妇儿两方的角度反思，或许也可以从男人身上找找原因。若是男人们恰巧看到这篇文章，自评一下，作为丈夫，作为儿子，你做到了多少分呢？

尊重，
才是婚姻里最大的平等

1

电影《搜索》里，上市公司的老板沈流舒在办公室里正安慰痛哭流涕的秘书叶蓝秋，被前来探班的太太莫小渝恰好看到，他尴尬地责怪她：为什么不敲门？

事实上，他和叶蓝秋之间，就是领导和下属的关系，并没有私情，只有这么一次比较亲密的举动，就被撞见。可是他从未向老婆解释过。以至于电视台在炒作叶蓝秋不让座的事件时，莫小渝为了泄愤，打电话说叶蓝秋是小三。

沈流舒立马停掉了莫小渝所有的卡。她原本是想买一个表送给丈夫表达歉意的，可是他说：你的道歉不要让我来买单。没有了钱，她再也不是个衣食无忧的阔太太。

为了帮助沈流舒的公司实现跨国合作，莫小渝配合着丈夫演了一场夫妻相爱的戏，当莫小渝又问起了叶蓝秋，沈流舒大发其火：我沈流舒看上的女人，根本用不着偷！

多么霸道的回答，还有一句更霸道的：要提离婚也是我提，你不能提！

沈流舒是一个商人，在家里，他也成了领导，把妻子当成了下属一般发号施令，在他面前只能俯首称臣，不得违背他的“旨意”。

最后莫小渝离开了这个男人，离开了富丽堂皇的家，即便他有再多的钱，可是夫妻之间没有尊重，这样的婚姻又怎么会幸福?

看到老公和另外一个女人抱在一起，作为老婆，起了疑心也很正常，可是，沈流舒并未好好解释，打消她的怀疑，反而不管不问，任凭你胡思乱想，莫小渝气愤难平，以至于事件进一步发酵，最后也导致了他们婚姻的失败。

一个无视你不尊重你的男人，比一个出轨的男人更可怕！

老公的蛮横无理，高高在上，更难以让女人接受。

2

以前的小A就是一个“绝望主妇”。

孩子上了幼儿园以后，小A结束了家庭主妇的生活，找了个服装店去当营业员，一天工作八个小时，店里不是太忙，也不耽误接送孩子，虽然工资不高，但是离家近。

但她只干了一个多月，就辞职了。因为老公强烈反对，挣钱少，不能全心全意地照顾家了，他以前回到家她就把饭做好了，现在回来是冷锅冷灶。为了家庭和睦，她继续当全职太太。

她想去学开车，老公来一句，学什么车呢，罚款了不都得我来交？你整天迷迷糊糊的，东西南北都分不清，开车出了事还不是给我找麻烦？

她回答：不用你承担，我自己承担。

“你怎么承担？没钱你能承担什么？”老公这样说，她无言以对，不再坚持。

孩子生病了，老公说她孩子都照顾不好，头疼脑热的还好，只是唠叨几句，有一次孩子在小区玩滑梯的时候，不小心摔了下来磕到了头，去医院缝了好几针，老公不依不饶地吼了她好几天，干什么能行呢？连个孩子都看不好。

“孩子整日爬高上低的，摔着碰着不也正常吗？当妈的不是更心疼？难道孩子不是我生的，我是给他看孩子的保姆吗？”小A回老家和公公婆婆诉苦，想让老两口管管自己的儿子，可当老公知道她去告状的事了，和她大吵一架，一周没理她。

有一段时间老公公司里的财务请了产假，小A去帮忙，她也是学财务的，好赖没孩子的时候也当了几年的会计。只干了几天，就委屈地回了家，在公司里被老公呼来喝去，这哪像个老板娘，还不如刚去的实习生。

小A的父亲生病住院了，除去医保报销的部分，总费用两万多元，她和弟弟每人要负担一万元，这事给老公说了，老公不情愿地给了她五千块钱，说他只出这些钱，并问她为什么老两口有积蓄还要他们负担医药费？小A的心里憋了一肚子火，后来又和朋友借了五千块钱。

哪一次公公婆婆去看病，她不是全程陪护呢？他自己的父母生病，他毫无怨言，承担所有的医药费，可一轮到她的爸妈，就牢骚满腹。

小A第二天就要找工作去上班，老公反对，小A提出了离婚。

3

小A和父母说想要离婚的时候，遭到了强烈反对：你就因为这些芝麻绿豆大的小事离婚？这都不是事，他既没有骂你，又没有打你，更没有外遇在外面找女人，就因为他管得多了，你感觉压抑，就离婚？

父母大人没批准，小A还是把离婚协议拿给了老公。

我就是要上班，工资不高我也要去，这是我想去做的事。

我就是想去学开车，出了事我自己承担，我们离了婚你就不用承担任何责任了。

还没等小A说完，老公就坚决地表示不同意，他从来没想过要离婚，他哪里做得不好，可以改。

小A又说，孩子的问题，我是亲妈，孩子是我亲生的，我带孩子，你有什么资格说三道四？我看不好孩子，你怎么不自己带？以后孩子轮流接送，周末一人带一天。

两边的父母不能一视同仁，以后你家的事你管，你爸妈生病了你去带着他们看，当然了，我爸妈生病了也不会用你出医药费，我自己来承担。

老公在一旁低声说道，这是不是有点像“分家”呢？这样生活在一起，还像一家人吗？

离婚还是“分家”，你自己看着办吧！

“分家”总好过离婚，老公同意了，小A以后去上班，孩子轮流看，自己的父母自己照顾。

4

“分家”后小A多出了很多的空闲时间，她找了个财务的工作，不是太忙的时候，就抓紧时间看书，准备考注册会计师。

以前在家里当甩手掌柜的老公，现在又要接送孩子还要做自己的那份家务活。六点起床做早饭，做好了再喊孩子起床，爱睡懒觉的女儿得耐心哄她才肯起来吃饭，好不容易才把孩子送到学校。下午接过孩子后再去买菜做饭，吃完饭后洗碗收拾，再打扫卫生。

只坚持了一周，他就改了策略，在外面吃早饭，不再做饭。他不习惯在外面吃饭，孩子更不习惯。看着噘着嘴宁愿饿着也不吃饭的宝贝女儿，他只得每隔一日便当一天的“家庭妇男”。

轮到他做值日的时候，家里乱得就像个猪窝。以前他的朋友经常来家里聚餐，都是小A忙前忙后地做饭，收拾，现在谁的朋友谁管，他再也不敢邀请朋友来家里了。

以前看报看电视的时间，都得用来干家务活，小A悠闲自在地陪孩子玩，看电视，任凭他在厨房忙碌。

再有公司有时候还要加班，不得不低声下气地经常来求小A帮忙。

慢慢地，他转变了对小A的态度，带孩子做家务，比起上班来，一点儿也不轻松。

有时候，轮到老公看孩子的时候，小A也会帮帮忙，替他照顾孩子。在他家里有事的时候，帮他照顾下老人。当然，老公也在经济上对她实行了援助。

小A在家里终于翻身做了女主人，再也不是“免费的保姆”。

5

在婚姻里，一个不尊重你的男人，比出轨的男人更难让人忍受，他会让你时时刻刻感受到不平等，处处被他管制，时时被他嫌弃。

和这样的男人生活在一起，最大的感受就是压抑，委屈，婚姻就仿佛一个牢笼。这样的婚姻，很难维持下去。除非他愿意做出改变，和你平等相待。

夫妻之间，分工不同，你挣钱养家不容易，我照顾孩子做家务也辛苦，双方都要体谅各自的不容易和辛苦，互相尊重，婚姻里最重要的就是平等。

家一起养，
钱分开放

1

几个女人聚在一起闲聊，说起了家中的财政大权问题。

A说：嫁汉嫁汉，穿衣吃饭，结了婚他就把工资卡交给我了，我现在是财政总管，一家之主，可他交给我的每月工资四千元，除了孩子托费家用日常支出，还有他的花费，所剩无几，就过了一次我的手而已！这感觉，就像公司的财务，账面上进进出出的，可都不是自己的钱，只落个操心！有时候两个人还因为钱吵架，真是累！

B说：我结婚五年了，那个男人还是跟我斤斤计较，从来不把他的钱交给我，我也是有自尊的，懒得跟他要，目前在家里是AA制！

C说：不喜欢AA制，也不愿意这样掌控着男人，被女人管住手脚的男人，事业上也难发展，我是每个月让老公交五千元的家用，其他的，他随意！我的理财观念是这样的，我自己挣的，是我的，他挣的，是全家的，我的工资就是我的私房钱，小金库，他的收入是家庭的总收入！

D说：自己经济独立当然好了，老公给的钱可以锦上添花。可我自从有了宝宝就当了全职太太，找个保姆自己赚的和保姆的工资差不多，还不如自己带着孩子省心放心，也只能让老公一个人养家糊口了！

E说：知道为什么男人的寿命不如女人的长吗？就因为现在这个社会太功利，评判男人的标准就认准了一点——有钱没钱。所以才会让男人感觉压力大，社会压力大，养家糊口的担子重。如果咱们在家里能撑起半边天，责任分担，男人就不会感觉累了！我们家呀，名义上是男人养家糊口，实际上是钱分开放！

A和老公的财力相当，两人的工资不相上下。B拿着一份死工资，而老公的收入虽然不稳定，却属于高薪阶层。C的老公是个小老板，自己开着一家公司。D是全职太太，无收入。E是一家公司的高管，收入是老公的五倍以上。

2

钱分开，是为了家庭的长治久安。

E在五年前去了这家外企后，凭借着专业优势，当上了部门经理，工资就已是老公的三倍。那段时间，两个人没少因为钱的事发生争吵。

以前她们家的情况是这样的：工资各花各的，老公负担家里必需的支出，房贷、油钱、水电煤气、网费、手机费、物业费，而她负担家里一些可花可不花的那部分。

因为她的工资高了，她自觉地用自己挣的钱把老公应该负担的给负担了，没想到，反而是卖力不讨好。老公不但没有感恩，反而经常找碴儿吵架生气。

她主动还了房贷，主动给他的手机充话费，还给他的车加满了油，他却说她就因为现在多赚了点钱，眼里就没他这个老公了。

可她也没有因为收入高了就颐指气使啊，反倒是老公在家里经常吹毛求疵。经济基础决定家庭地位，老公是感觉自己在家里的地位不保了？E在跟几位朋友取过经后，开始和老公商讨经济问题。

以前，两人的钱是存在一起的。现在，随着情况的改变，得做调整了。

和老公谈过几次后，E和老公达成了共识，支出还是像以前那样，老公负担日常家用必需的支出，她负担改善型的。但是以后各存各的钱，各自掌握自己的银行卡。这不是AA制，更不是“钱分开心就远了”。

让老公负担家里的必需支出，主要是为了维护老公的自尊心，确保他在家里一个家长的位置，在孩子眼里，爸爸一直都是在负责养家的，虽然他的收入不如妈妈的高，但爸爸一直是家里的顶梁柱。

而钱分开，主要是体现了家里的经济平等，女人有能力为家里分担责任，添砖加瓦，这样，也更加会得到男人的尊重。

老公的钱就是妻子的钱，妻子的钱也是老公的钱。这种时代已经过去了。

老公的是我的，我的还是我的。这种小女人的幸福心态，要老公收入高了、心胸宽广才能实施。

他的钱是他的，我的钱是我的，我们都可以自由地支配自己的钱。既不会缚住他的手脚，也不会让自己成为靠男人供养的小女人。

当他的事业陷入危机的时候，当他的经济周转不开的时候，当他为生计所困的时候，当家庭面临危机的时候，能够减轻他负担的，只有你。

当然，钱能够分开放，而且还不会因为钱的问题吵闹，双方必须要互相理解并且完全信任，否则，就会演变成AA制了。

3

夫妻之间的很多矛盾，大多是因为经济原因，钱的问题。这个大问题处理好了，婆媳关系，还有言语上的一些鸡毛蒜皮的小事，也就迎刃而解了。

网上曾有人总结过一些男人为什么会和老婆AA制：

（1）你的理财能力欠佳，让他觉得把钱交给你不放心。

如果钱分开放，你不理他的财，只理自己的财，即便也没有理财能力，他也不会有什么意见了。

（2）他觉得你们之间的关系不安全，随时都有瓦解的可能。

女人想要掌握男人的钱包，无非是一个安全感的问题，可男人也需要安全感。如若没有了这份信任，无论钱是否放在一起，都不能改善你们的夫妻关系。

（3）你与他父母的关系不融洽，不能够很好地相处。

与他父母的关系不融洽，很大一部分原因是因为你阻止了他孝敬父母，他的钱袋子在他自己的手里，无论他怎样对待他的父母，自钱分开了，就与你无关。

（4）你过分限制他的消费。

萝卜白菜各有所爱，用你的消费观来左右他花钱的用途，结果只能是自寻烦恼。

婚姻里实行AA制，对于中国的家庭来说，总是让人感觉夫妻关系存在着问题，这样的男人，又总是会背上“抠门”“小气”的骂名。而女人，也是满腹委屈。

女人总是把男人是否愿意给自己花钱当作是否爱她的一个检验标准，当男人收入不高有心无力时，女人又会抱怨不止。

“同样作为双职工，我照顾了孩子，多照顾了家，你自然就要挣得比我多！”这是很多女人的想法，男人在社会与家庭的重压下，只有拼命地赚钱赚钱再赚钱，女人不妨用同样的标准来要求自己，孩子的教育父亲不能缺席，同样，女人也要提高自己赚钱的能力。

即使是夫妻，钱还是分开放的好！如果你和老公经常为钱发生矛盾，不妨一试，或许这样会解决婚姻中因经济而产生的许多问题。

讨不到好的架，我才不要吵

1

因为飞机晚点，原本晚上十一点可以到家的老公，一下子干等到了半夜两点。

迷迷糊糊听到他开门的声音，有些小兴奋，毕竟两星期没见了。自己在床上折腾了半天终于摆好了一个自以为妖娆的姿势，然后默默地等着他推门而入……

然而，在接下来的半个小时里，我听见他在冰箱里翻找食物，然后把一个苹果咬得嘎嘣脆的声音，听到了他慢悠悠哗啦啦洗澡的声音，听见了他趿着拖鞋在卫生间和客厅来回拖拉的声音……然后，就没有动静了。

不会是死了吧？

我偷偷下床，打开一条门缝。靠！这厮正裹着一条浴巾，光着白花花的膀子，跷着二郎腿在那悠闲地刷手机！

说好的一日不见如隔三秋呢？！

就算不立马打开卧室门把老婆扑倒，起码也应该进来问个安才对嘛！

真是越想越生气。为了等他回家，我都没有好好睡觉，怕他飞机被雷劈了，怕他路上被车撞了，一想到他要回家，就高兴得跟个傻瓜似的。可他倒好，淡定得跟没出过门似的。

真想扑过去把他那个手机给砸了！可是，就在我含泪“控诉”此男的“罪行”时，这个慢吞吞的家伙居然给我来了一句：“你居然吃一个苹果的醋！”

猫了个咪的！这是一个苹果的事儿吗？给我睡沙发去！

2

X永远记得小时候父母吵架的情景：母亲背对着家人躺在二楼的床上一动不动，父亲坐在晒谷坪上无止境地抽烟，眼中空无一物。

X知道，其实他们吵架大部分都是错在爸爸。因为她爸是那种大男子主义很强的男人，懒，不会说话，还不晓得心疼人。

可是，尽管这样，她和弟弟仍然不希望他们两个吵架。因为只要他们一开吵，基本上没有三五天是收不了场的，家里的气氛冷得吓人，她和弟弟还得提防爸爸随时蹿出来的无名火。

在X的记忆中，他们每次吵架，最后都是妈妈获胜。因为只要妈妈一“罢工”，家里必然乱成一锅粥，没人做饭，没人洗衣服，没人管他们俩。所以，大部分时候，只要妈妈拿出她的“撒手锏”，最后必然是爸爸主动认尿承认错误。

可是赢了又怎样呢?

当有了自己的小家庭后，当X和老公吵架不自觉地复制了母亲的处理方式时，她发现，冷战过程中，没有真正的赢家。

老公不会觉得自己有错，甚至还认为她不可理喻，无理取闹。即便最后不得已向她低头，也是心不甘情不愿。而自己，就算最后赢了，可只有自己明白，在等着对方主动向自己求和的过程中，心里有多煎熬。

3

和老公认识之初，我经常会因为一点小事而和他吵得面红脖子粗，吵完了就开始“离家出走”，不带手机，不带钱包，但是，并不会走远，且每次都只去同一个地方。

想想，那时候的自己可真幼稚真作。其实，每一次出走，我都在心里和自己打赌，赌他会不会拦住我不让我走，赌他会不会像发了疯似的四处找我，赌他会不会因为我一个人孤零零地流落街头而心疼，赌他会不会在没有任何线索的情况下准确无误地找到我……

关系不够稳固的夫妻间任何一次争吵，都是一次相互试探与摸底。

聪明的姑娘，只要通过三五次这样的“试探”，便可知自己在对方心里的位置。能不能接着作？能作到何种地步？心里都是有谱的。因为知道底线在哪儿，所以知道什么可为，什么不可为。这才是聪明人的觉悟。

4

网上流传这样一个段子，“好，是我的错，行了吧。”这句话，男孩说，代表这事完了。这句话，女孩说，代表你完了。

很多姑娘觉得，争吵中的两个人，肯主动低头的那一个，肯定是更在乎也更爱的那个。一旦先低头，就必然失了身段丢了面子，所以，就算再难受，也要铆着劲要为自己“争口气”。

可你想要的，究竟是男人的道歉和认输，还是他发自内心对你的在意和珍惜呢？

引发矛盾的理由千千万，但很多时候，两个人吵着吵着，会慢慢忘了是为什么而吵，却纠结于“你怎么可以这样对我说话”，“你考虑过我的感受没有”，“你怎么可以这种态度”……

比如说我，那个本该良辰美景好酒佳人的美妙夜晚，我却华丽丽地生了一肚子的气，大半夜的睡不着，脑子里像放电影似的，把与这个“臭男人”相识十余年来他所做过的不靠谱的事儿全都放了一遍，最后硬生生把自己气得失眠。

而实际上，我原本是想向老公表达这样几层意思的：你好久不回，我很想你。你回来太晚，我很担心你。你忽视了我的想念和担心，我很生气。

如果我不纠结于手机和苹果，而是直接向他表达心里的真实感受，那结果自然会大不相同。

5

在吵架这件事情上，女人若是能控制自己的情绪，就能控制吵架的结果。

一个情绪稳定的人，一定能够想到，任何一次争吵，都是有成本的，时间成本，精力成本，情绪成本。面对某次争吵，如果你能预测到它要耗费很长的时间，很多的精力，会让你很不开心，同时还不一定能解决问题时，这时，就应该问问自己：这架，吵下去有意义吗？

如果答案是否定的，一定要冷静下来好好问自己一下：

嘿，你究竟想闹哪样！

如果你很明确自己要什么，那么，请把老公当成谈判对象，想想怎样才能达成共识，取得双赢；如果连吵架的初衷都搞不清楚，那就纯属无事生非，该干吗干吗去。

懂得接受他人的讨好，也是一种情商

1

我妈生日的前夕，我非常焦虑，因为生日礼物一直没有准备好。

送她什么她都嫌贵嫌浪费，说不划算，批评我一顿。虽然我也知道她本意和出发点是好的，为我省钱，可是每次送个礼物还要被数落，心里也难免受挫。那买点便宜的东西？可是便宜没好货啊，用不了多时就坏了，她又嫌质量不好。

买啥都不对，那直接问她想要什么吧，她总说什么都不要，什么都不缺。当真什么表示都没有？她还有一颗玻璃心，会觉得我没把她放在心上。

唉，想讨好她太不容易了，我怎么摊上这么个傲娇的妈呀！

结婚以后遇到我婆婆，我才发现讨好别人是一件这么容易又开心的事情。

和我妈妈相比，给我婆婆送礼物能得到极大的满足感，因为送什么她都很开心。

虽然事后她也常常让我不要乱花钱，但是东西买回来以后，她就不再拒绝，高高兴兴地收下，第一时间穿戴用起来，如果别人问起来，她就十分得意地对我这儿媳妇赞不绝口。

正是因为她的不吝夸赞和积极的接纳态度，我给她买东西没有任何压力，不管是贵的还是便宜的，觉得她需要的我都愿意买来送给她——婆婆开心，老公也高兴，家庭氛围也更好了，我何乐而不为呢？

我暗暗庆幸，我亲妈不是我婆婆，不然我哪来那么多耐心哄她开心，世间又该多了一对怨怼的婆媳。

2

朋友小麦的先生老朱对她特别好，我问她有什么御夫之道的秘诀，小麦笑笑说，如果非要说有什么秘诀，可能就是坦然接受他对我的讨好吧。

这一点说来容易，其实很多女人做不到。

很多男人在恋爱结婚之初，还是很愿意讨好老婆的，不仅出手大方，手脚也勤快。可是女人往往嫌他们饭做得不好吃，地板拖得不够干净，买的东西性价比不好，就知道乱花钱……

久而久之把对方打击得失去了热情和动力，慢慢再也不想讨好你了，因为谁也不想自讨没趣。

就拿我自己来说吧，我工作制是大小周，而我老公是双休。每逢我单休需要上班的时候，他提出要开车接送我上下班。我是想着吧，这一个人能完成的事情何必要两个人呢，这接来送去挺麻烦的没有必要，而且周六的公交地铁也不挤。于是我就拒绝了他，让他自己在家好好休息，结果他非但对我的好意不领情，反而还很不高兴。

事后想想，觉得自己也真是太不可爱。他主动提出要接送我，是他的情意，说明他疼老婆，心甘情愿被麻烦，这件事对他而言是愉悦的，我为什么要剥夺他的这种快乐呢？

于是下一次的时候我就坦然愉快地接受了他的好意，平时上班大家都忙，除了睡觉，清醒独处的时间并不多，路上两个人聊聊天，其实也挺好的。

我因为自己被老公在意，觉得很开心；他看到自己能给我带来快乐，他也开心；这可不就是皆大欢喜的事嘛。

3

我们公司有一个保洁阿姨，姓郭，人很随和，每天早早来到公司，把四处打扫得干干净净。郭姐工作其实挺累的，一天都不得闲，抽空的时候她还把大家扔掉的快递盒，还有一些废旧资料从垃圾桶整理出来，码得整整齐齐去卖废品。

前段时间，公司举办了一个大型活动，多余出来几箱过期的废旧物料，想到郭姐经常卖废品，我跟她打了个招呼，让她有空都一起搬走自己卖了。

郭姐很感动，连声说了几句谢谢，高高兴兴地把几箱废资料搬走了。没想到过了两天，早晨上班的时候，郭姐特意来到我座位旁，给了我一瓶果汁。我一时还没反应过来，郭姐笑着说，谢谢您上次给我那么多废旧资料。

从那以后，每次在公司遇到郭姐，她对我都格外亲切热情一些。我明白，那堆废资料其实最多不过二三十元钱，她之所以对我另眼相看，不过是因为从我对她的举动里，感受到了被示好的快乐和尊重。

而我喝着她送给我的那瓶果汁，也觉得心情特别愉悦，因为我感受到了她对我善意的接纳和反馈。

从那以后，我那些零散的废弃资料不再直接扔进垃圾桶，而是随手放在角落，等攒到一摞以后再通知郭姐来搬，郭姐每次都很开心。

新来的实习生小丽对此很费解，她说，蓝姐这废资料也卖不了多少钱，你何必这么麻烦呢。

我笑笑说，举手之劳就能做一些让别人开心的事，何乐而不为呢！

4

一个容易被讨好的人，其实也是善于讨好别人的人，是一种高情商的表现，是一种体贴的智慧。

我讨好你，你愉快地接纳，这意味着我的行为得到了你的肯定和赞许，这样我才有了动力为你做更多的事。假如我为你做这个你不满意，我为你做那个你也无动于衷，最后我为了避免自讨没趣，可能就什么也不会为你做了。

怎么样才能做一个容易被讨好的人呢？

首先，你得在一定程度上降低被讨好的标准，学会满足。

小时候看过一篇安徒生童话《老头子做的事总是对的》，印象特别深刻，现在重新来读别有一番滋味。故事里的老夫妻家里非常穷，只有一匹马，老头决定把马牵到集市上换点什么东西回来。一路上，他用马换了牛，用牛换了羊，用羊换了鹅，用鹅换了鸡，最后用鸡换了一袋子烂苹果。

这番行为在别人看来实在是愚蠢至极，一个商人和老头打赌他回家会被老婆责骂。谁知回到家听完丈夫一路的经历之后，老太婆却依然非常开心，表示可以做美味的苹果馅饼，而且还奖励了丈夫一个吻。因为这个吻，老头赢了赌约，得到了一袋金子。

其次，你得给别人讨好你的方向。

比如我婆婆，她喜欢吃皮蛋，儿女都愿意买皮蛋给她吃，买的人开心，吃的人也开心。我隔壁邻居老太太，身体不太好，可是打起麻将就精神百倍，她儿子就想办法请牌搭子到家陪她玩，给钱让她开开心心打牌。

在电影《失恋33天》里，黄小仙对青年才俊魏依然找拜金女李可感到费解，魏依然说，对于李可来说，奢侈品就是她的必需品，只要给她买包或者提高信用卡额度她就会很开心；可是如果换成黄小仙这样的文艺女青年，他不确定一个小盆栽是不是比一个名牌包更能讨她欢心，因为不确定，所以操作起来相当困难。

俗话说“人无癖不可交”，从某个角度来说，简直就是真理——我都不知道你到底喜欢什么，我该怎么讨好你，又该如何和你交往呢？发愁哇！

做个容易被讨好的人吧，懂得欢喜和感恩，你一定会收获更多的幸福和快乐。

婆婆不是妈，要把心放大

“婆婆说……你说她是什么意思呀？”“婆婆今天……这是对我有意见吗？”经常看到类似这样的提问，很多新媳妇总是小心翼翼地处着婆媳间的关系，也总是很在意婆婆说的每一句话，每一件事，做出很多解读，其实越在意，越卑微。学会“把心放大点”，也许能少了不少矛盾。

“要想婆媳关系好，这做媳妇得心大。”某天，三五已婚同事聚在一起闲聊，大家自然扯到了婆媳话题，一位日常大大咧咧的同事突然爆出了这么一句有哲理的话，大家都齐刷刷看向了她。没想到她一点都不受干扰继续这个话题：“我结婚一年多，与婆婆处得不错，就是因为我心大，婆婆说的一些话，有时左耳进右耳出，有时就尽量往好的方面想，想了婆婆也是老公的妈，总不至于害我。”

的确，婆媳关系这个在婚姻里不能避开的话题，婆媳双方相处得好不好，与婚姻家庭有着很直接的关联。如果处得好，那么婚姻家庭生活和和美美，如果处得很糟糕，那么可能会将婚姻家庭生活搅得一地鸡毛。怎么才能处好？这其实是一门学问，就看大家各自怎么修行了。

我的那位同事，她和婆媳相处修行就是心大，如果将心大对应到婆媳相处的日常，突然发现这何尝不是一种好的方式。因为婆媳相处无非也就是讲究双方的情感互动。情感这种很微妙的东西，想要两个不同个体的人之间有好的互动，有时是件比较难的事情。这个时候，如果媳妇心大一点，不计较婆婆日常的唠叨碎烦，可避免很多不必要的矛盾。

我的那位大大咧咧的同事说了这么一件事：国庆长假，她和老公一起回老家，心细的婆婆帮他们整理行李。打开行李箱的一刹那，看到她的衣服放在行李箱的最上层，把老公的衣服压在下面了，婆婆当时就脱口而出："女人衣服放男人衣服上面倒霉的。"当她意识到婆婆竟然介意这样的事情，还在遵从着一种很传统迷信的"男尊女卑"思想，她当时虽然很震惊也很生气，但她没特别放在心上，就当没听见自顾自走开了，为此也避免了一场因日常无谓小事而起的争执。

"我从北方远嫁到南方，对于南方的一些风俗习惯不懂，但婆婆又是一个特别讲究的人，所以很多时候，我就会做心大的阿Q，学会自我安慰，避免一些不必要的婆媳纷争。"同事说，她的这种无所谓也在潜移默化影响着婆婆，婆婆有时也会意识到可能自己在一些细节上太过于讲究了。

婆婆不是亲妈——这个道理大家都懂，但在具体婆媳关系相处时，媳妇们又开始将婆婆与亲妈等同起来了，开始对婆婆有了更多的期待。比如身边的一位朋友说，在她结婚的时候，她想着要把婆婆当妈待，将心比心，如此一来，她就觉得婆媳之间相处应该就不会有大问题。

但没想到这一开始就将婆婆提到亲妈的位置，后来她经历怀孕、坐月子和带孩子整个过程中，婆婆的表现总是有点差强人意，与亲妈的距离还是差远了。

“你这是期望太大，失望也就越大。”我们一帮“损友”很直接指出了她的问题症结所在。在这种时候，如果心大点的媳妇，肯定不会将婆婆往亲妈这个角色去靠，婆婆与亲妈之间其实很难画上等号。比如在养育孩子方面，如果我们与亲妈之间有矛盾，有时可以直接指出来，甚至偶尔吵吵也没关系，这些都不会影响到累积了几十年的母女血缘亲情。这时如果亲妈换成了婆婆，那么沟通的时候就要注意方式了，得用委婉的方式去指出婆婆的错误，避免简单粗暴，与婆婆之间的相处还是有必要讲一些客套原则。

我的一位同学，在我眼里她从学校开始就是情商特别高的，婚后她与婆婆的相处也一直被我们一帮同学羡慕着。老公和她都属于事业型的，女儿出生后，照顾孩子的责任就自然落在了婆婆这边。据我同学说，其实婆婆也是事业心超强的，在没来带孙女之前，婆婆在老家管理着一家工厂，当时厂里一年的收益也有百来万元的。

我的那位同学从一开始就知道婆婆来带孙女，下了很大的决心。所以在带孩子这件事情上，她和婆婆之间也偶尔会有观点不一样，特别是孩子生病的时候，有时给孩子吃药，婆婆也会偶尔犯错，但是她始终坚守了客客气气对待婆婆这个原则。遇上观点分歧的时候，尽量以理去说服婆婆；遇到一些不是很触犯原则的小问题，她就采用睁一只眼闭一只眼。

深知带孩子是一件很劳心的事情，所以每当节假日，她都会带着婆婆出游，近一点就是每个周末在城市周边游乐场景区走一走，远一点的话会去上海、北京等国内城市，偶尔也会去国外高端游一回。同学说，每次这种出游放松，她都会很照顾婆婆的情绪，尽量让她玩开心。

知道婆婆喜欢漂亮的衣服和包包，除了每次出游都会给她买，每年婆婆过生日也都会记得给她送上一份大礼。

有次他们一家去上海旅游，在商场婆婆试穿了一件衣服，很满意，但一看标价五千元，当时婆婆没舍得买。看出了婆婆对这件衣服的喜欢，第二天同学主动带婆婆去店里买下了。“说实在，五千元一件衣服，如果是我自己喜欢也觉得贵了，但是婆婆喜欢，所以狠狠心买了，难得买一次，犒劳一下她带孙女的辛劳，也就图个开心。”很多时候，在婆婆带孩子这件事上，同学总是会心大地来分析一些事，她觉得婆婆带孙女不是义务，与公公分居两地，来带就属于很帮忙了，作为媳妇要求就不能太高了。

“媳妇永远是别人家的人，儿子才是自己的。”这句话，估计是很多婆婆对媳妇的心里衡量标准，所以，不要和婆婆之间当母女，当好婆媳就行了。另外，与婆婆日常相处，秉持客气的原则，保持好一定的距离，距离会产生美感。再则，如果你家婆婆真的超级难相处，那么再想想她毕竟是老公的亲妈，因为她才让你有了一位好老公，这凡事也就都可以化解了。

老人帮你带孩子是情分，不帮是本分

1

在最近热播的电视剧《周末父母》中，轩轩是个周末宝宝，一直是外公外婆在照顾。爸爸妈妈都是写字楼内的小白领，周一到周五根本没有时间和精力来管孩子。

外公外婆出国旅游了，轩轩妈把孩子送到奶奶家，希望婆婆能帮忙照顾一天，没想到，奶奶因为感觉儿子偏心，找借口推辞了。

在老太太的心里，我这当奶奶的，高兴了就帮你带，不高兴了就不帮你，我可没责任和义务去给你带孩子。

轩轩在妈妈的公司病情加重了，去了医院。旅游回来的外公外婆开始责怪亲家的不近人情，不识大体。平时不帮忙就算了，可孩子们都上着班，偶尔带下孩子都不行，这配当奶奶吗？

奶奶不乐意了，说外公外婆没有自己的生活，把感情全都寄托在了外孙身上，替儿女带孩子是越俎代庖，这会让他们永远成不了合格的父母，这是在害他们。

而外公外婆的回答就是：孩子们好，我们就好。孩子们工作忙，没时间照料孩子，我们又都退休了，老了还能发光发热帮忙，免得人力浪费。

帮忙带孩子的外公外婆，认为做父母的，就应当力所能及地帮孩子，孩子们好，一切都好，一切为了孩子。

不帮忙的奶奶，也有自己的道理。既然你们小的已经为人父母，就要负起这一份责任和义务。

她当初就告诫过儿媳，等有能力的时候再要孩子，可结果，刚结婚没几个月就怀孕了。小两口只有一个小房子，两个人都是工薪阶层，只能让孩子住在外公外婆家，当起了周末宝宝。

儿媳妇后来想买个大房子，想把原来的小房子卖掉，奶奶更不乐意了。

我们那个时候就是在这个小房子里把孩子养大成人的，没有父母帮忙带孩子，再困难的日子不都是熬过来了吗？为什么你们就不行呢？非要把父母接到一起帮着你们带孩子？难道为了孙子不当周末宝宝，就要把我的房子卖掉吗？

不要说时代不同了，现在的很多家庭都是爷爷奶奶外公外婆帮忙带孩子。不管是什么时代，带孩子，永远都是父母的责任和义务。

作为奶奶，我是没有责任和义务抚养孙子的。

2

同事小谢去年当上了二胎妈妈，身为主管的她因为没人带孩子，不得不放弃了高薪的工作，回到家里做起了全职太太。

提议她请个保姆，那么小的孩子，才几个月，请保姆哪会放心？不像四五岁的孩子什么都能说了。只能指望两边的父母来帮忙，可偏偏遇到了一位“不作为”的奶奶。

有大宝的时候，婆婆还在上班，当时是妈妈帮忙，把孩子带到三岁上了幼儿园。最近两年父亲生病在床，妈妈再也脱不开身，这次该退了休的婆婆做贡献了。

可婆婆住了两三天就走了，振振有词地说，好不容易熬到了退休，终于能轻轻松松地过几天好日子了，带孩子的事情，你们自己想办法吧！人家国外的父母不都是自己带孩子的？有几个是老人帮忙带的？就算是有老人帮忙的，也都会付工资的。

小谢又问老公是不是婆婆想要工资，没问题，每个月给婆婆三千元，只要她愿意帮忙带孙子，工资不成问题。

可婆婆还是拒绝了，不是钱的问题。

婆婆就是觉得好不容易熬到了退休，想过几年自由自在的日子，也就是人们常说的：为自己而活。

前两年政策放开，小谢动了要二胎的心思，问婆婆的意见，婆婆却问她：孩子生下来谁带呢？小谢没吭声，除了妈妈，就是婆婆，她可没想着自己带。

别人家的婆婆都催着媳妇生二胎，别人家的婆婆会对媳妇说：你只管生，孩子我来带。

可小谢的婆婆当时就表明了自己的态度：我可从来没想过要带孙子。

婆婆说到做到，果然不帮忙，任凭小谢辞去了高薪工作，当上了全职妈妈。

小谢还在坐月子的时候，看到婆婆在朋友圈发出来的照片，竟然去海南旅游了。忍不住在下面评论道："您这奶奶当的，潇洒！"

不解气，后来又在后面加上了一句："现在您不管我，以后老了也别指望我来孝敬您！"

没想到婆婆回复了这样一句话：孝敬父母是儿女应尽的责任，并不是儿媳妇的义务。就像抚养孩子是父母的责任，并不是奶奶的义务！

小谢无话可说了。

3

以前也遇到过一位读者向我诉说婆婆的"不作为"，不帮忙带孙子，还配当奶奶吗？

老人愿意帮忙，把带孙子当作一种乐趣，一种责任，那我们应当感谢他们的付出与辛苦。如果老人不愿意带孩子，也要理解。

在国外，十八岁成人，不管家境如何，很多孩子都会出去打工挣自己的学费，而我们呢，大学的学费是父母出，房子的首付是父母出，好不容易成家立业了，有了孩子，还指望父母带。

我们的父母，一辈子都是在为孩子付出，做贡献。做子女的，什么时候能够真正地断奶，独立，不再依赖父母呢？

或许有朋友会说，国外的父母可没指望孩子养老。

现如今这个时代，啃老的多，还是养老的多呢？

现在的老年人，有退休工资的，还会指望儿女养老吗？不啃老就不错了！

就算是在农村，有不少六十岁以上的老年人出来打工，而他们出来挣钱的目的很少是为了养老，大都是为了挣钱给儿子盖房子，娶媳妇，或者是给孙子孙女挣学费。

在群里看到一位老人说过这样一段话：

以前是养儿防老，现在是养儿啃老，买房让老人出首付，生了孩子让老人帮着带，现在都什么社会风气呢？

还说你们压力大，上有老，下有小，你们的压力都让我们老的来承担了，你们挣的钱吃喝玩乐，各种高消费，下馆子喝咖啡讲情调，我们老的带着孩子省吃俭用，当免费保姆还倒贴退休工资帮你们养孩子。

老人的控诉，还是有理的。

我们的父母，活得太累，为孩子付出得太多了！

含辛茹苦地把孩子拉扯大，好不容易看着孩子成家立业，完成自己作为父母的责任了，又要再帮着子女带孩子，作为爷爷奶奶外公外婆，又要承担起抚养孙子外孙的责任和义务，哪有这样的道理？

老人愿意帮忙带孙子的，那是周瑜打黄盖，两相情愿的事，父母愿意发光发热，子女可以把更多的时间和精力用来工作，休闲，大家其乐融融。

父母不愿意帮忙带孩子的，你责怪老人不付出不作为，那就是实实在在想要"啃老"了。

老人帮你带孩子是情分，不帮是本分。

作为奶奶，是没有责任和义务抚养孙子的。

站在父母的角度想想，我都替他们感到累。父母那辈大多早婚早育，年纪轻轻就当了爸妈，之后就一直为了孩子打拼，因为他们接受的观念就是"一切都为了孩子"，于是他们早早地就放弃了自己。这样的父母就是文章中"外公外婆"的人物原型。

可是相比父母把一切都给我，我更愿意看到他们可以在晚年过上他们喜欢的生活，做自己想做的事，也不枉此生来人世走一趟。哪怕因此我的生活会艰辛很多，可这是我作为子女对父母最起码的尊重。毕竟，我们每个人根本上都是独立的个体。

孩子需要的爱和陪伴应当是做父母的来给予。爷爷奶奶、外公外婆那只能是“帮忙”，不应把他们当成“带娃的主要劳力”。把我们养大成人，父母的责任和义务就已经尽到了，我们没有资格为了下一代再去要求上一代付出更多。

如果老人帮你带孩子，你真应该好好感恩珍惜这情分；假若老人选择为自己而活，你也应该尊重他们的选择，为他们找到自己喜欢的生活方式而欣喜。将心比心，等你老了，也会更喜欢和老伴儿一起安享晚年吧？

后记
致女儿：人生没有童话

亲爱的女儿：

最近，妈妈的淘宝购物车总是莫名多出些东西：各式各样的公主裙，花花绿绿的童话书，还有blingbling的高跟鞋……原来，都是你偷偷放进去的！才发现，你大了，不再是妈妈怀里的小奶娃了，你已经开始有自己的审美，自己的主见，自己的心愿单。

是的，你喜欢童话书，喜欢公主裙，喜欢一切闪亮的东西，你总是把自己装扮成小公主的样子，举着魔法棒又唱又跳。

妈妈欣喜你的成长，但也想早点告诉你：孩子，人生没有童话，没有公主与城堡，一切美好的结局，都必须要经过智慧的经营。

1.生活不会一帆风顺，处处美好

这个社会有很多险恶，要独自面对，父母做不到时时陪伴，处处保护。作为一个女孩子，自我保护永远比成绩更重要，做任何事情，安全都是第一位的。

小红帽是不应该独自一人去外婆家的，更不能轻信别人的话，现实中的坏人，不都像大灰狼一样，会轻易露出尾巴……需要你多加留心，认真鉴别。

你要不断地学习，提高识别的能力、分辨的能力和应急处事的能力，这样，才能尽量避免被狭隘、恶意所侵犯，被暴力、算计所伤害。

人越长大，越会遇到挫折，越有太多愿望不能称心，人的一生，想要且得到的，终究是极少数部分。

就像去年你跳舞，辛苦练了那么久，最后却因生病，与“六一”的演出失之交臂；还有今年夏天，你被学校选送参加比赛，表现很棒，却因为一刀切的选拔方式，最终无缘决赛……

其实，爸爸妈妈在外面，也有太多的事不能如愿，所谓人生不如意者十有八九，即是如此。

但是，不要因此而伤心失望，生活不能让每个人都遂意称心，不要自暴自弃，也不要过于期冀，万事皆有其道理，努力过就不遗憾，至于结果，从容接受就好。

2.生活的面包，要自己去挣

每个人都会有各种各样的欲望，就像你喜欢美味的蛋糕、漂亮的衣服，小的时候，爸爸妈妈会帮你实现，尽量满足你的小小心愿。

但是，随着你逐渐长大，心愿单上不再是简单的美食和玩具时，父母却不能像小时候一样对你有求必应，这一点，你要有足够的心理准备。

刚开始，你可能会不明白，就像你问妈妈，哈根达斯没有添加剂，为什么不能天天吃？好朋友欣欣家里，为什么有三辆车？为什么咱家买房的时候，不买一楼带院子还能荡秋千的那种？

童话里，美丽善良的女孩最后总是能得到仙女送来的水晶鞋、王子漂亮的城堡、享用不尽的珠宝……而在真实的世界里，没有哪样东西的获得，不需要付出汗水的辛劳。

如果你想拿到80分，就要付出100分的努力，这样，即使最后没有满分，但80分是可以得到的。

这世间，欲望沸沸扬扬，逐利者熙熙攘攘，有人为了金钱丧失了底线，有人为了眼前的蝇头小利不惜牺牲长远，更有甚者，用自己的身体、名誉，去交换所谓的利益。

但无论怎样，妈妈的女儿，可以自己买水晶鞋、大步向前走，可以通过自己的努力，去获取想要的东西，而不必为了王子的恩赐而低眉顺眼。

也许过程很艰辛，也许蛰伏期很长，也许你已经非常努力却进展缓慢，但这个世界终究会善待努力的人。

3.爱情不仅仅是一种冲动

现在和你谈爱情似乎为时过早，但以后，我们早晚会谈到这个话题。爱情是什么？是不同于你和爸爸妈妈的亲情，也不同于你和学校小朋友的友情，爱情看不见摸不着，却强烈存在于人的心中，它是奇妙的缘分，更是一种责任，一份担当。

但是，并非所有的爱情都是美好的，有些人打着爱情的旗号，内里却带着强烈的目的性。他看重的，也许只是你的脸蛋，也许只是你的身体，也许只是你的家庭条件，也许只是一时之欢。

还有人，口口声声爱着你，但因为缺乏健全的人格与足够的安全感，会自带负能量，在一段感情之中，不停地索取，而不是付出。

有些人的存在，除了洗礼你的三观，没有任何意义。但任何一段感情的变坏，都不是突然发生的，之前会有种种迹象，所以你要细细甄别，而非一头扎进去，无法自拔。

同时，我也想早早告诉你一句话，叫“贫贱夫妻百事哀”，缺乏经济基础的感情，远比门当户对的感情，要承受更多的考验。每个人都要给自己的决定买单，所以做选择之前，要周全考虑。当然，爱你的男孩子，不会舍得你受穷，而上进努力的男孩，也不会一辈子受穷。

感情产生的最初，只需要一点荷尔蒙，而支持它持续不断走下去的，永远是智慧的经营。

白雪公主嫁给了王子、灰姑娘嫁给了王子，他们都“从此过上了幸福的生活”。而童话不会讲的是，之后故事并未结束，他们还要面临三观的磨合，习惯的互适，他们也会吵架，会哭泣，但这是必经的过程，只有双方都逐渐涂掉一些原生家庭的印记，才能有机地契合在一起，重铸一个新的家庭。

终有一天，你会披上婚纱离开这个家，我们会真诚地祝福你，并且永远敞开大门、张着手臂，像幼时一样，随时准备着，给你最温暖的庇护。

4.好好读书，这是成功的捷径

这个时代，越来越多元，无论你有怎样的价值观，只要能自圆其说，与人无害，就能存在，包括：读书无用论。

确实，现如今，读书和读书人，已经不像上一个时代那样，能得到至高无上的礼遇，甚至身边还有很多反例。

但这里，我们只谈一个词：概率。

同等条件下，最终能够进入较好阶层，过上不错生活的群体中，到底是努力读书的人多，还是不读书的人多？

有数据统计，社会人群中，大学以上文化程度人群的平均收入，是高中文化劳动者平均收入的2.5倍，就是说，知识改变命运这一真理，现在仍然成立。

而且，尽管高考制度有种种弊端，但它仍然是最公平的选择未来生活的机会，是社会阶层流动的重要通道。

特别是对于普通家庭的孩子，不论你有钱没钱，漂亮与否，只要足够努力，就有机会提升层次，跨越阶级。这一点是多么酷炫，等你离开学校就会知道。而今后，几乎所有的考试与竞争，都再不会这般公平。

而且，很多时候，高考对你的定性是极其深远的，高考形成的差距，也许之后要用千百倍的努力才能弥补。

所以，珍惜读书的机会吧，它能让你改变命运，让你内外兼修，让你开阔视野，让你提升素质。

总之，人生没有坦途，没有童话，走过平湖烟雨，岁月山河，才更懂得生命的意义。

而无论怎样，妈妈爱你，也愿这爱赋予你勇气和力量，想清楚，活明白，便是人生最大赢家。

《别把撒手不管，当成静待花开》
亲宝宝特约作者名单

聪明的妈妈，不吼不叫，不急不躁	御风
二胎妈妈：一碗水端平？那不科学！	叶苓
你过得很“辛苦”是真的，但这跟孩子没有关系	宁静
放松一点，你真的不必成为超人妈妈	叶苓
“一拖二”的妈妈生活，并没有你想的那么难	多多黛
别因为当了妈，就放弃自己的人生	米妈
没有平凡的父亲，只有不凡的父爱	小蛮妖
聪明的父母先给自己花钱，再给孩子花钱	韩霞
最美味的汤都是细火慢熬出来的，人生也一样	青蓝妙微
先爱自己，才有能力爱家人	Ryan妈
爱与溺爱：一念繁花，一念深渊	彤菲
别让你的抱怨坑了孩子一生	十一

别把 撒手不管，

当成 静待花开